DE GAULLE
ISRAËL
ET LES JUIFS

le goût des idées

collection dirigée
par
Jean-Claude Zylberstein

RAYMOND ARON

De Gaulle
Israël
et les Juifs

Préface
de Frédéric Brahami

Paris
Les Belles Lettres
2020

© 2020, pour la présente édition
Société d'édition Les Belles Lettres
95, bd Raspail, 75006 Paris.

ISBN : 978-2-251-45074-2

Préface

Aron, les Juifs et Israël
Du côté des prophètes

C'est à propos d'Israël surtout, et sans doute est-ce à propos d'Israël seulement, que Raymond Aron nous fait part d'une contradiction intérieure entre ses attachements subjectifs et l'exigence d'objectivité qui caractérise le savant. Assumant pleinement la position « d'un juif qui affirme sa sympathie mais refuse l'engagement[1] », il précise : « quelles que fussent mes sympathies pour l'État d'Israël », « mes opinions personnelles étaient fort éloignées de celles des sionistes[2] ». Et en 1972, dans le « Discours de Jérusalem », il en vient à accepter le caractère insurmontable et irréductible de cette contradiction : « À mesure que j'ai avancé dans la vie, j'ai non pas réconcilié mes passions et une exigence de rationalité, mais accepté parfois l'impossibilité de cette réconciliation. Il me fallait constater en moi et dans l'existence certaines contradictions. Français, j'avoue que, dans certaines circonstances, j'éprouve à l'égard d'Israël, de l'État d'Israël, une dilection particulière[3]. »

Il ne s'agit nullement ici d'une confession qui ne concernerait que Monsieur Raymond Aron. Car il considère qu'il est normal, inévitable même, que la plupart des juifs aient pour Israël « sympathie, admiration, respect[4] ». Il ne serait pas seulement surprenant, il serait choquant qu'il en fût autrement. S'il finit par accepter la contradiction, c'est parce qu'elle atteste d'une condition politique et historique générale, et qu'à ce titre la contradiction subjective est enracinée dans la situation qui structure objectivement la condition juive depuis 1948.

Ce qui n'est pas réconciliable est à première vue très simple : la préférence légitime de la Diaspora pour l'État d'Israël s'accorde mal à la nécessité de rester impartial pour maintenir un jugement politique fondé en raison. Nécessité ou plutôt obligation, qui n'est pas tant celle du savant, du sociologue ou du philosophe que celle de tout citoyen d'un État démocratique. Il s'agit donc d'une contradiction au sens fort, car la dilection pour Israël compromet la possibilité même du jugement politique : « j'ai confessé qu'*un* juif n'atteindrait jamais la parfaite objectivité quand il s'agit d'Israël[5] ». La sympathie ne laisse pas intact un jugement qu'elle pollue. Enfin, cet obstacle insurmontable à la parfaite objectivité quand il s'agit d'Israël n'est lui-même que la conséquence de l'impossibilité d'être objectif sur les juifs : « quand il s'agit des juifs et de leur destin, je ne saurais feindre sans hypocrisie l'objectivité du spectateur pur[6] ».

Pourquoi, alors, écrire sur Israël des textes qui ont à l'évidence aux yeux d'Aron une valeur théorique, et que lui-même ne concevait nullement comme de simples témoignages de ses humeurs et de ses goûts ? Quel est donc le statut théorique des analyses d'Aron sur Israël, quand lui-même dit à maintes reprises qu'il ne peut appréhender cet "objet" de manière objective ? Aron ne subit pas passivement son impossible objectivité ; il ne constate pas sa partialité comme un biais affectif certes malheureux mais contre lequel il n'y aurait rien à faire. En faisant apparaître les ressorts de sa subjectivité, il l'objective pour en dégager une signification politique dont la validité théorique soit recevable. Car sa partialité en faveur d'Israël a elle-même des motifs objectifs, qu'il ne cesse d'observer et d'analyser. Aussi rend-il compte du fait que l'insurmontable subjectivité du jugement politique qu'un français israélite porte sur Israël a comme telle une manière d'objectivité.

Pour démêler un peu la difficulté, il n'est pas inutile de partir d'un texte étonnant. Dans cette même page où il confesse sa partialité en faveur d'Israël, il a ce propos : « Je n'ai jamais été sioniste, d'abord et avant tout parce que je ne m'éprouve pas juif[7]. » Voilà donc un homme qui nous dit en somme que la dilection qu'il a pour Israël l'empêche d'être parfaitement objectif, qui nous dit aussi qu'il ne saurait s'extraire sans hypocrisie de sa judéité, dans le même temps où il affirme qu'il n'a jamais été sioniste, d'abord parce qu'il ne s'éprouve pas juif. Si l'on met en ordre la logique de son propos, on arrive à un résultat pour le moins étrange : "je ne m'éprouve pas juif, c'est d'abord pourquoi je ne suis pas sioniste. J'ai une dilection pour Israël qui me vient de ma judéité". C'est dans l'espace déterminé par ces paramètres paradoxaux qu'il faut s'installer si l'on veut saisir la tension qui structure les positions d'Aron sur Israël.

La préférence de cœur pour l'existence de l'État d'Israël n'implique en rien qu'on adhère au sionisme. Telle est la proposition fondamentale dont il faut partir : l'attachement d'Aron à Israël n'est pas de type sioniste. De quelle nature est-il donc ?

Israël est à ses yeux un État en danger de mort, un État dont les pays arabes veulent alors explicitement la destruction. Ainsi écrit-il le 29 mai 1967 : « les gouvernements de tous les États arabes [...] sont obligés de faire front commun contre l'ennemi absolu, celui auquel on refuse *le droit à l'existence*, Israël[8] ». Or la destruction de l'État d'Israël, en 1967 mais aussi après (jusqu'à la paix avec l'Égypte au moins) n'impliquerait pas seulement la disparition de la forme politique État, mais aussi le massacre des juifs qui vivent en Israël : « l'éventualité même de la destruction de l'État d'Israël (qu'accompagnerait le massacre d'une partie de la population) me blesse jusqu'au fond de l'âme. *En ce sens* j'ai confessé qu'un juif n'atteindrait jamais la parfaite objectivité quand il s'agit d'Israël[9] ». Si un juif pourtant non sioniste ne peut atteindre à la parfaite objectivité, c'est parce que dans les guerres d'Israël il y va de l'existence des juifs. Le regard d'Aron sur Israël est donc déterminé par l'horizon d'une possible destruction des juifs qui se trouvent en Israël, c'est-à-dire par quelque chose comme une nouvelle Shoah au Moyen-Orient.

Entre 1967 et 1983, la situation d'Israël change beaucoup, mais les positions d'Aron, tout en suivant de près l'évolution de la situation, restent remarquablement fidèles à sa ligne d'analyse. Ces changements dans la situation d'Israël comme dans celle des juifs entraînent justement un approfondissement de la contradiction entre sympathie et raison. Israël en effet suit une politique qu'il devient toujours plus difficile d'approuver, dès lors qu'on n'est pas sioniste mais seulement, si j'ose dire, attaché à un État sur la défensive. Dans le même temps, l'antisémitisme s'est considérablement accru. Il était fort loin en 1983 du niveau qu'il a atteint aujourd'hui en Europe, mais enfin le négationnisme[10] s'était démasqué et la France était encore sous le choc de l'attentat de la rue Copernic. Le retour de l'antisémitisme justifiait plus que jamais l'attachement subjectif des juifs à Israël, alors même que la politique sioniste rendait de plus en plus inquiète la "dilection" pour cet État.

Puisque c'est de la manière dont il habite "la condition juive" qu'Aron pense Israël, il faut d'abord comprendre ce que recouvre à ses yeux une expression aussi flottante. Aron ne connaît pas la culture religieuse juive, il n'est pas croyant au sens conventionnel ou ordinaire du terme. Il dit souvent ne rien connaître de la spiritualité juive, mais il avance une proposition qui va beaucoup plus loin que la confidence lorsqu'il affirme que « les juifs peuvent difficilement renoncer aux rites sans cesser, du même coup, d'être juifs[11] ». Si le judaïsme est à ses yeux une religion essentiellement rituelle, on peut penser qu'il ne s'éprouve pas juif en ce sens qu'il ne pratique pas, qu'il a épousé une non-juive et, plus important, que l'idée même de l'élection du peuple juif est à ses yeux inacceptable[12]. Mais pour ne s'éprouver pas juif il n'en revendique pas moins son appartenance au judaïsme. On connaît sa formule (on aurait presque envie de dire sa "profession de foi"), sur laquelle il est revenu plus d'une fois : « ne jamais dissimuler mon appartenance, sans ostentation, sans humilité, sans surcompensation de fierté[13] », ou encore (variante intéressante) : « sans ostentation, sans orgueil, sans honte[14] ». Aussi n'affirme-t-il sa judéité qu'interpellé par l'antisémitisme, « par une réaction élémentaire de dignité[15] ». La conscience de sa judéité, qui naît dans l'Allemagne hitlérienne, lui vient donc de la possibilité de la destruction des juifs. « Depuis 1933, peut-être depuis ma rencontre avec le national-socialisme, j'avais compris que l'antisémitisme allemand mettait en question l'existence des juifs français[16] ». Il devient dès lors impossible de *ne pas* revendiquer son appartenance : « Il va de soi qu'à partir de 1933 et de l'accession d'Hitler au pouvoir *un* juif, même entièrement détaché de la foi de ses pères, ne pouvait pas ne pas revendiquer hautement une appartenance qui entraînait éventuellement quelque péril[17] ».

Rien là qui ressemble à une revendication identitaire mais, à y regarder de près, rien non plus qui se réduise à une simple réaction face à l'agression antisémite, car pour Aron ce n'est pas, me semble-t-il, l'antisémite qui fait le juif[18]. Selon lui en effet, l'antisémite ne fait pas tant le juif qu'il ne fait l'homme puisque, plus que les juifs, c'est la dignité humaine qu'il offense. Il écrit un texte bouleversant, mais aussi singulièrement éclairant sur ce point dans « Universalité de l'idée de nation et contestation » :

> [...] je ne fuis pas ma judéité et depuis qu'en 1930 je suis arrivé en Allemagne et que j'ai affronté l'hitlérisme, j'ai toujours affirmé que j'étais juif *par simple sens de la dignité humaine*, et aussi parce que je reconnaissais que j'appartenais à une communauté de Lorraine, et que pour des raisons peut-être émotionnelles, peut-être rationnelles, je n'aime pas rompre mes racines : je suis animé du sens de la continuité et de la tradition ; pour l'exprimer plus symboliquement, s'il m'arrivait un jour de revoir mes grands-parents et mes arrière-grands-parents, lesquels se définissaient comme juifs et vivaient leur judéité, je voudrais pouvoir me présenter à eux sans rougir[19].

Israël a sa sympathie comme État où les juifs risquent à nouveau d'être massacrés ; et la fidélité d'Aron au judaïsme, sa solidarité avec les juifs s'enracine dans sa conscience aiguë d'appartenir à une communauté persécutée qui vient d'échapper à l'extermination. Voilà sans doute ce qui donne la clé du *mystère* de ses liens avec

Israël — pour employer la formule du « Discours de Jérusalem[20] ». Liens qui se traduisent en une véritable obligation, exigeant un acte politique quand cet israélite lorrain voit ressurgir le danger. Cet acte sera l'écriture de *De Gaulle, Israël et les juifs*. Le livre en effet ne porte nullement sur la politique arabe de la France. Un État souverain a le droit, le devoir plutôt, d'engager la politique étrangère qui convient à ses intérêts. Ce qu'Aron reproche à de Gaulle, ce n'est donc pas de se tromper dans sa politique (même s'il pense en 1967 qu'il se trompe lourdement), c'est uniquement la phrase odieuse sur le peuple juif, « peuple d'élite, sûr de lui et dominateur », par laquelle le Président de la République française *autorise* l'expression de l'antisémitisme, et le légitime comme une véritable position politique. C'est bien le sens qu'il garde à ses yeux quand il s'en explique dans ses *Mémoires* : « Je n'accusai pas le Général d'antisémitisme, je l'accusais de lui rendre, sinon des titres, sinon de la noblesse, du moins de la *légitimité*[21]. »

C'est dans ce cadre qu'il faut interpréter les prises de position d'Aron sur la politique israélienne. Tout bascule en 1967. Avant 1967 (Guerre des six jours incluse) la sympathie pour Israël n'implique pas de contradiction trop forte avec la désapprobation du sionisme. Certes, Aron pense depuis 1948 que ce pays, né dans la violence, se maintenant par la violence, se trouvera inévitablement pris dans une guerre longue avec les Arabes[22]. Malgré cette réserve de taille, la contradiction restait supportable : il y avait une sympathie générale pour Israël dans l'opinion occidentale, non seulement parce que l'Europe d'après 1945 était encore du côté des victimes, mais aussi parce que cet État se trouvait dans une situation géopolitique des plus graves. Moins de trois millions d'habitants se trouvaient alors aux prises avec des ennemis cent fois plus nombreux, dont les buts de guerre assumés étaient sa destruction pure et simple. Ce pays n'avait en outre aucune profondeur territoriale (16,64 km séparent Netanya de Tullkarem). Ces données géographiques et démographiques signifiaient non seulement qu'Israël ne pouvait se permettre de perdre une guerre ni même une seule bataille, mais encore que,

TAMIM ANSARY

L'Histoire du Monde
vue par
la tradition musulmane

LES BELLES LETTRES

Vous venez d'acheter cet ouvrage et nous vous en remercions vivement. Pour mieux vous satisfaire, merci de nous signaler les domaines qui vous intéressent particulièrement :

○ Antiquité   ○ Art
○ Moyen Âge   ○ Littérature
○ Renaissance ○ Linguistique
○ Histoire moderne   et philologie
   et contemporaine ○ Économie
○ Philosophie   et société

Je souhaite recevoir des informations sur les publications des Belles Lettres :

○ par e-mail   ○ par courrier

Nom, prénom : . . . .
. . . .

Adresse postale : . . . .
. . . .

e-mail : . . . .

Retrouvez-nous en ligne : www.lesbelleslettres.com
www.facebook.com/LesBellesLettres
www.twitter.com/BellesLettresEd
www.instagram.com/LesBellesLettresEditions

L'Histoire du Monde vue par la tradition musulmane de Tamim Ansary © Les Belles Lettres, 2019

Société d'édition
Les Belles Lettres

95, boulevard Raspail

75006 Paris

FRANCE

privé des ressources en hommes et en espace pour avoir la moindre chance de survivre à une guerre longue, il se voyait condamné à la victoire rapide. Aussi, Aron jugea-t-il que bien qu'il ait en effet ouvert les hostilités, Israël avait mené en 1967 une guerre défensive, donc juste, dont la responsabilité retombait entièrement sur Nasser. Cette analyse géopolitique a pour fonction de faire ressortir tout l'odieux de la phrase de de Gaulle sur le « peuple dominateur ». C'est aussi pourquoi, quand il reconnaîtra s'être trompé sur la faiblesse d'Israël en 1967[23], il ne reviendra pas sur la pertinence d'un livre qui portait uniquement sur la manière dont de Gaulle avait inauguré (sinon institué, du fait de son statut politique) un lien pervers entre antisémitisme et antisionisme.

Mais si en 1967 Israël, qui lutte pour son existence, a le soutien de l'opinion occidentale — au point que, pour la première fois de leur histoire, les juifs suscitent la sympathie des nations européennes, comme si l'antique malédiction du peuple réprouvé était enfin levée —, c'est aussi à ce moment précis qu'Israël devient un *Machtstaat*. À mesure que le temps passe, la brutalité toujours plus évidente de la politique israélienne inquiète profondément Aron : le sort réservé aux Palestiniens, l'occupation indéfinie de la Cisjordanie, le refus manifeste de faire la paix, tout cela aggrave à l'extrême la contradiction entre la sympathie pour l'existence de l'État d'Israël et la réprobation de la politique sioniste.

Si le différend entre la sympathie pour Israël et la réprobation de la politique sioniste s'accroît, il se trouve aussi que l'existence de l'État d'Israël a profondément changé la condition juive. Au plan des principes, le fait israélien ne devrait altérer en rien cette condition. Les juifs ne sont ni un peuple ni une race, parce que le judaïsme est une religion. Ce truisme apparent a ses effets, qui ne sont pas négligeables. Affirmer que le judaïsme est une religion, c'est récuser tout problème juif, c'est récuser jusqu'à la possibilité même que le judaïsme soit incompatible avec la citoyenneté française. Le modèle français exige impérativement que l'appartenance religieuse ne soit pas signifiante dans l'espace public. Figure parfaite de l'israélite, Aron adhère sans réserves à ce modèle : quand on possède la nationalité française, on est loyal à la France. La condition du citoyen français "de confession juive" ne diffère en rien de celle du citoyen français de confession catholique, protestante, hindoue ou musulmane. Mais parce que l'histoire n'épouse pas la pureté des principes, les choses sont autrement plus opaques.

En 1967, la question est très vite apparue de la double allégeance des juifs. Si tout juif a une sympathie légitime pour Israël, n'est-ce pas le signe d'une allégeance des juifs français à cette puissance étrangère qu'est l'État d'Israël ? Il y a bien sûr un versant antisémite de la question : le soupçon que les juifs, parce qu'ils sympathisent avec Israël, sont déloyaux. L'idée ne viendrait à personne de supposer que des citoyens français de confession bouddhiste par exemple seraient déloyaux à la France s'ils manifestaient leur sympathie envers un État bouddhiste menacé par un tiers. Si la question ne se pose qu'à propos du rapport des juifs à Israël, c'est qu'on les soupçonne *a priori* de n'être pas « de vrais français ». Pour Aron, la dilection des juifs pour Israël ne signifie nullement qu'ils préfèrent Israël à la France, mais que dans la guerre entre Israël et les pays arabes, ils sont du côté d'Israël ; et il affirme qu'il n'y a là rien de choquant, d'anormal, ou qui doive même être justifié. Il n'élude pas pour autant la question. « Quel degré de sympathie nous est permis sans que s'élève l'accusation de double allégeance[24] ? » C'est qu'elle n'est pas seulement une question aux relents antisémites. Il s'agit aussi d'une vraie question, authentiquement politique. Car la réponse républicaine d'Aron rencontre une butée *venant des juifs de la Diaspora eux-mêmes*, de ceux au moins qui soutiennent inconditionnellement la politique des gouvernements israéliens. Confortablement installés en France, ces sionistes ne suscitent que le dégoût d'Aron, qui ne cache pas sa répugnance pour ceux qu'ils n'est pas loin de considérer comme des "planqués" : « Je crois nécessaire [...] de ne pas suivre certains de mes amis juifs et non juifs, dont l'amitié pour Israël s'exprime parfois avec un excédent de passion comparable à la *passion de ceux de l'arrière* pendant la guerre qui, ayant une

mauvaise conscience de ne pas partager les épreuves des combattants, veulent apaiser leur mauvaise conscience par une surenchère
verbale[25] ». Si vraiment ils adhèrent, non pas de cœur seulement
avec le sort des juifs en Israël, mais d'esprit à l'idéologie sioniste
et à la politique israélienne, alors ils doivent faire allégeance à
Israël et devenir israéliens. « Chacun d'entre nous a une patrie et
une religion, mais nul ne saurait avoir deux patries. Le juif qui
se sent politiquement loyal à Israël a *l'obligation* de mettre sa
conduite en accord avec ses sentiments, c'est-à-dire d'émigrer vers
la terre sainte[26] ». Aron met donc avec un grand courage les juifs
devant un choix fondamental qu'il leur est impossible d'esquiver :
ou bien vous êtes sionistes et vous devez émigrer, ou bien vous
restez citoyens français, et vous devez alors examiner de façon
critique la politique d'Israël, et le faire *du point de vue français*,
qui n'implique aucunement un soutien aveugle à la politique
supposément arabe de la France, mais qui doit être conduit selon
la norme de l'idéal républicain qui fait la France.

La question de l'allégeance des juifs de la Diaspora a Israël
est légitime parce que chaque juif est littéralement interpellé par
l'État d'Israël, qui offre à chacun (pourvu qu'il puisse "prouver"
qu'il est juif) la nationalité israélienne. Or le discours sioniste a
toujours affirmé qu'on n'est pleinement juif qu'en étant israélien.
Le sionisme fait du juif le membre d'un peuple national. S'il existe
en hébreu un mot pour dire diaspora (*tfutza*), le mot d'usage courant
est *galout*, exil. Pour les sionistes la Diaspora est un exil, lequel
a pris fin très exactement le 14 mai 1948. La proposition sioniste
change profondément la condition politique des juifs, qui se trouvent
sommés de choisir. Aron pense très fermement que les juifs ne
peuvent ni ne doivent éluder cette véritable mise en demeure. Ils
ont à l'assumer, car elle est au cœur de leur condition politique. Il
ne refuse donc pas la sommation sioniste : les juifs doivent savoir
où ils en sont, ils doivent choisir entre la citoyenneté française
et la citoyenneté israélienne. « À l'heure présente, un juif *doit* se
définir par une double prise de position, à l'égard de sa religion et
de sa tradition, à l'égard d'Israël[27] ». Il y a donc bien un problème

objectif, imposé aux juifs non tant pas les antisémites que par le sionisme, qui prétend « que la communauté juive est d'essence et de vocation nationale[28] » ; un « problème que n'importe quel juif, croyant ou non, conscient de son judaïsme ou déjudaïsé, doit regarder en face. Que suis-je ? que veux-tu être par rapport à Israël[29] ? » Loin de résoudre le problème juif, Israël lui a donné une dimension supplémentaire[30].

L'interpellation sioniste des juifs de la Diaspora les oblige tous à réfléchir leur citoyenneté, à la vouloir, à en faire le résultat d'une délibération et d'une décision consciente. Les juifs se trouvent ainsi devenir ceux pour qui la citoyenneté non israélienne ne va plus de soi. Le récit sioniste de l'histoire juive reconduit paradoxalement les juifs de la Diaspora à leur statut pré-moderne d'hôtes ou d'étrangers dans leur propre pays, où ils demeurent exilés. Aron ne portera jamais aucun jugement sur les choix des uns et des autres, mais il dira toujours que ce choix doit être fait, et qu'il oblige. Son choix personnel est clair et résolu : il est et restera français. Or un citoyen français "de confession juive", malgré sa sympathie pour Israël *et contre sa sympathie même*, n'exige pas de la France qu'elle ait une politique étrangère favorable à Israël. Si le citoyen moderne est une conscience critique, il a le droit et le devoir de critiquer la politique de son pays ; mais si cette conscience n'entre pas en sécession, si elle est bien conscience politique du citoyen, alors elle doit assumer la logique des États (qui n'est pas la raison d'État) et, pour Aron comme pour tout le monde, un État obéit d'abord — parce que c'est une condition de sa survie — à ses intérêts. L'indépendance nationale commande sa politique extérieure et détermine ses alliances. La politique arabe de la France peut bien être une erreur, procéder d'une analyse fausse de la situation et de l'avenir (c'est ce qu'Aron pense en 1967), mais la puissance française a le devoir de la conduire dès lors qu'elle pense que tel est son intérêt. Et le français de confession juive, contre sa dilection légitime pour Israël, doit l'accepter. Il en sera intérieurement déchiré[31], mais c'est le prix que doit payer qui veut être sujet du politique. Et si sa dilection pour Israël est trop forte pour qu'il puisse supporter la politique arabe de la France, si son affect juif pro-israélien en vient à ébranler sa loyauté politique pour la France, qu'il parte ; car il se trouve alors dans l'obligation politique d'abandonner sa nationalité française pour devenir un citoyen israélien. Il le doit à lui-même, à la France et à Israël.

Que peut donc dire d'Israël, et à Israël aussi bien, un juif qui choisit de ne pas devenir israélien ? Quel peut être, quel doit être le ressort de son discours ? Aron est très peu prolixe sur la question, mais j'avancerais une interprétation ou une reconstruction de sa position qui, je l'espère, n'est pas trop spéculative. Et puisqu'il lie toujours Israël au judaïsme, il me faut y revenir. Pierre Manent a remarqué que lorsqu'Aron dit qu'il n'est pas religieux, il précise à peu près systématiquement : « au sens conventionnel du terme »[32]. Voilà qui suggère assez clairement qu'il y aurait un sens non conventionnel de "religieux" dans lequel Aron pourrait se reconnaître. Dans l'entretien qu'il accorde en 1983 à Victor Malka, il a une formule différente : « je suis religieux, selon l'esprit plutôt que selon la lettre[33] ». « Ce que je conserverais d'inspiration religieuse tient précisément au refus de reconnaître les réussites temporelles, la place dans la hiérarchie sociale comme le jugement final sur les personnes et les jugements de chaque personne sur soi-même[34] [sic] ». Dans ce même entretien, il se réfère à Weber qui dans la religion distingue l'Église et le prophète. Et moi, précise-t-il alors, « je suis du côté des prophètes[35] ».

Être « du côté des prophètes » c'est bien vague ; assez précis pourtant pour servir de fil conducteur à l'esquisse d'une interprétation. « Je ne sais pas ce que les prophètes m'ont enseigné. Peut-être serait-ce quelque chose comme la dénonciation de l'adoration du Veau d'or[36] ». On trouve même une page dans *De Gaulle, Israël et les juifs* qui formule quelque chose comme une esquisse de l'esprit du judaïsme : « Obstinément fidèles à la Loi, [...] les juifs étaient monothéistes avec intransigeance, assurés de l'alliance entre Dieu et son peuple, *à la fois nationaux et universalistes*, incapables, en raison même de leur foi et plus encore de la réaction des chrétiens face à leur foi, de perdre leur identité[37]. »

Monothéisme intransigeant, fidélité à la Loi, dénonciation de l'idolâtrie. Mais c'est là, très exactement, le spirituel juif, que personne ne lui a enseigné, qu'il ne connaît pas, mais dont il a capté l'essence. Il n'y a en effet rien d'autre dans l'esprit du judaïsme que cette fidélité à la Loi, qui n'est elle-même rien d'autre qu'un farouche refus de l'idolâtrie. On est ainsi conduit à l'hypothèse que ce refus *juif* de l'idolâtrie est en réalité le critère, ou plutôt une sorte de méta-critère à l'aune duquel Aron juge *en juif* la politique des gouvernements israéliens. C'est au point de vue de la vocation authentique du judaïsme qu'Aron porte son regard sur ce que fait Israël.

> Du nationalisme et de l'universalisme, tous deux inscrits dans le judaïsme, ce dernier me paraît répondre à la *vocation authentique du judaïsme* et de toutes les religions du salut. L'édification, en Palestine, d'un État, qui se proclame le continuateur du royaume de Judas, m'apparaît un accident historique auquel seul *l'idolâtre*, celui qui accorde à la nation une valeur suprême, prêtera une signification proprement religieuse[38].

Derrière son athéisme apparent, le sionisme est en réalité une religion séculière à tendance totalitaire. Or, si la fidélité à « la vocation authentique du judaïsme » exige qu'on dénonce l'idolâtrie, c'est-à-dire la politique de la force, alors le sionisme s'avère être *le contraire même* de la promesse juive. Regarder Israël du côté des prophètes, c'est condamner la tentation théologico-politique inhérente au sionisme.

Historiquement, Israël est né du nationalisme européen, comme un État refuge. Israël est-il donc un accident de l'histoire juive ou l'accomplissement d'une antique promesse et d'une permanente vocation[39] ? Malgré les silences d'Aron sur ce point, on peut affirmer sans grand risque d'erreur qu'il ne pensait certes pas que l'État d'Israël tel qu'il est fût l'accomplissement d'une vocation juive. Israël est un État paradoxal. Cimenté par la religion[40], c'est pourtant un État moderne, démocratique, quasi-laïque. Il n'empêche, et ce n'est pas contradictoire, que cet État, par ce qu'il a de juif, porte une promesse d'ordre spirituel. « Bien des hommes importants politiquement et intellectuellement en Israël se posent la question : le Grand Israël, est-ce la victoire ou est-ce le début de la corruption du sionisme[41] ? » Alors qu'en 1967, Aron pouvait écrire que les israéliens « ont traduit en réalité laïque *les promesses d'une religion* à laquelle beaucoup ne croyaient pas[42] », au début des années 1980 il est plus que perplexe sur la nature de l'opération « Paix en Galilée ». Israël semble décidément se poser en *Machtstaat*, qui conduit des combats douteux[43]. Pire, Israël est désormais un organe des États-Unis : « Israël est devenu [...] l'armée américaine au Proche-Orient[44] ». Du côté des prophètes, le jugement porté sur Israël est de plus en plus sévère, accusateur même. On pourrait presque dire que plus il est sensible à l'inspiration des prophètes d'Israël, donc à la vocation juive authentique, plus Aron dénonce dans le sionisme le grand danger que courent l'État d'Israël et la Diaspora. L'occupation des territoires, la politique de la force, victoire ou corruption du sionisme ? La réponse d'Aron à cette question ne fait à mes yeux aucun doute, et c'est peut-être son dernier mot, anxieux, et au fond tragique, sur Israël : « c'est cette situation de la minorité en Cisjordanie qui est contraire *à la vocation d'Israël*. L'aventure actuelle d'Israël, c'est d'avoir une société binationale avec les citoyens qui portent les armes et les autres, les métèques. Cela a existé dans le monde ancien, mais cela ne correspond en rien à l'idéal moral du sionisme[45]. »

Contre la corruption par le sionisme même de *l'idée* israélienne, la tâche politique et spirituelle de la Diaspora est de rappeler Israël à la promesse juive, c'est-à-dire à la paix non seulement avec les pays arabes, mais à la paix qui est due aux Palestiniens. Car « les relations entre la Diaspora et Israël dépendent de la politique menée par le gouvernement israélien à l'égard des Palestiniens [...] : la politique qui s'inspire du Grand Israël ne sera pas approuvée par les juifs attachés à Israël et soucieux de son avenir[46] ».

Il est pour Aron impossible à un juif d'être objectif quand il s'agit d'Israël parce qu'il lui est impossible de s'extraire de sa judéité. La judéité ne relève ni de la foi ni de la pratique, elle est une affirmation de la dignité humaine des juifs devant l'agression antisémite, elle est aussi fidélité aux grands-parents, à la communauté persécutée jusqu'à l'extermination, devant qui on ne peut pas se mettre en situation d'avoir à rougir. Elle est surtout fidélité à la grande voix des prophètes. Aron se reconnaît dans la vocation du judaïsme, dans le refus de l'idolâtrie, c'est-à-dire de la force. Juger le sionisme depuis cette partialité juive réfléchie, c'est, pour ceux qui portent le nom juif, rappeler le sionisme à son idéal moral, à sa promesse religieuse authentique, d'où découle un impératif politique direct : il appartient aux juifs de la Diaspora d'agir pour que la politique israélienne permette aux Palestiniens de devenir une nation qui puisse s'instituer politiquement. Telle est la manière dont Aron, en réfléchissant sa propre subjectivité au lieu de la dénier, en fait une subjectivité active, proprement politique.

*
*   *

Les analyses d'Aron nous parlent-elles encore, aujourd'hui que la situation s'est si profondément détériorée ? Depuis des années maintenant, des juifs quittent la France pour Israël, non par ferveur sioniste mais parce qu'ils ont peur. Ils se sentent abandonnés par une République qui semble ne pas reconnaître la réalité même de l'antisémitisme. N'entend-on pas régulièrement que la "focalisation" sur l'antisémitisme sert objectivement à détourner le regard des européens de la véritable oppression, sinon à stigmatiser plus encore qu'elle ne l'est déjà la population issue de l'immigration, sur laquelle tombe souvent l'accusation d'anti-sémitisme ? De nombreux juifs pensent ainsi qu'on les accuse de monter l'antisémitisme en épingle[47]. De fait, les juifs en France ne sont ni opprimés ni discriminés ; ils sont harcelés, frappés, battus, tués parfois — persécutés, donc, et priés de ne point en faire trop parce qu'ils ne sont pas les seuls à souffrir ni ceux qui souffriraient le plus. C'est, me semble-t-il, cet *antisémitisme dénié* plus encore que les actes antisémites qui les fait partir.

L'antisémitisme structure la vie politique française depuis le XIXᵉ siècle. Non que la France soit antisémite, bien au contraire — comme le prouve assez le dénouement de l'affaire Dreyfus. Ce que je veux dire, c'est que des débats de 1789-1791 sur la citoyenneté accordée aux juifs jusqu'à Vichy en passant par l'Affaire et par Blum (qui concentre la rage antisémite des années 1930), le partage politique essentiel qui fait la France, partage entre République et Contre-Révolution, entre principe d'égalité et principe de hiérarchie, entre l'idée et le sang, atteint généralement son point de tension maximale à propos du sort réservé aux Juifs. L'antisémitisme, politiquement affiché et assumé comme une vérité théorique devant trouver sa traduction politique, a toujours été le ciment de la réaction[48], et la justice rendue aux juifs en tant que "citoyens comme les autres" la victoire de 1789. La réhabilitation de Dreyfus, c'est bien la Révolution qui triomphe de nouveau dans sa lutte contre les forces régressives. Pétain perdant l'affection des Français au moment du port de l'étoile jaune et de la rafle du Vél d'Hiv, c'est encore la République qui l'emporte, du sein de la plus grande détresse. La manière dont la France réagit à l'antisémitisme est ainsi le révélateur de sa situation par rapport à son idéal républicain. Aussi est-ce à bon droit qu'on s'interroge sur la permanence de la République dans l'hypothèse où la France demain serait une France sans les juifs.

Aron n'imaginait probablement pas qu'un jour viendrait où des juifs quitteraient (nullement en masse mais tout de même en nombre) leur pays pour devenir israéliens. Mais il avait vu dès 1967, dans la phrase du chef de l'État, qu'un lien mauvais s'était noué là entre antisémitisme et antisionisme.

Les choses aujourd'hui en sont arrivées à un point où les conditions élémentaires de la discussion politique — c'est-à-dire de la politique — semblent ne plus même être données. D'un côté, certains juifs, et certains amis non juifs d'Israël, crient à l'antisémitisme dès lors qu'est émise la moindre critique de la politique

israélienne. De l'autre, un certain antisémitisme avance indénia-
blement sous le masque de l'antisionisme. Ceux-là sont accusés
de brandir l'antisémitisme comme une arme déloyale pour délé-
gitimer toute critique de la colonisation des Territoires occupés,
ceux-ci d'être des antisémites qu'on n'entend jamais dénoncer
avec la même véhémence d'autres politiques pour le moins aussi
brutales ailleurs dans le monde. Posons donc la question dans toute
sa brutalité, dans toute sa grossièreté même, puisqu'il s'agit bien
de cela dans l'opinion : en est-on vraiment arrivé au point où les
juifs penseraient que les arabes-musulmans sont antisémites et
où ceux-ci penseraient que ceux-là sont complices de la politique
colonialiste conduite par Israël ? Si telle était l'opinion, quelque
chose de la République serait alors déjà mort.

Aron nous oriente ici. Il est vrai, et il l'était déjà en 1967, que
certains juifs sont des partisans inconditionnels de la politique
israélienne. Il faut leur dire fortement avec Aron qu'ils ont tort,
comme juifs d'abord et comme hommes tout autant, parce que le
régime moderne de la citoyenneté requiert que nul n'ait le droit
d'être le partisan inconditionnel d'une politique, car la critique
est de l'essence de la citoyenneté. Il est tout aussi vrai, et il l'était
déjà en 1967, que la critique d'Israël sert à certains de prétexte
pour avancer des propositions antisémites (il n'est pas assez rare
qu'on entende « mort aux juifs » dans des manifestations en faveur
de la cause palestinienne). Estimant que la vocation d'Israël était
suspendue à la manière dont Israël agirait en Cisjordanie, Aron
souhaitait que la Diaspora rappelle Israël au respect des droits du
peuple palestinien. On peut penser qu'aujourd'hui *plus encore
qu'hier*, il demanderait aux juifs de la Diaspora d'être clairs
quant à leur propre subjectivité, en distinguant autant qu'il est
possible leur sympathie pour Israël et leur jugement politique.
Les juifs doivent répondre à l'interpellation sioniste. Mais il était
tout aussi sensible et inquiet devant la montée de l'antisémitisme,
qu'il voyait se développer sous la guise de l'antisionisme. Si les
juifs doivent ne pas fuir l'interpellation sioniste, les antisionistes
doivent ne pas éluder l'interpellation juive, si j'ose dire, et sont

enjoints malgré qu'ils en aient d'affirmer de manière convaincante qu'ils condamnent toute forme d'antisémitisme et rejettent tout amalgame entre les juifs et les gouvernements israéliens — comme ils réclament très haut pour eux-mêmes, et à juste titre, qu'on n'amalgame pas critique d'Israël et antisémitisme.

Mais pour revenir à des positions politiques, c'est-à-dire d'abord parlées, il ne suffira certainement pas que les hommes de raison et de bonne volonté demandent aux fanatiques de l'un et l'autre camp de répondre enfin aux interpellations qui leur sont faites et qu'ils ne cessent d'éluder. Il faut en revenir au fond de la question : le rapport du judaïsme à la nation. Pour Aron, le judaïsme est structuré par une tension entre universalisme et nationalisme. Cette thèse vient de Bergson, qui voyait dans le prophétisme juif un entre-deux de religion statique et dynamique[49]. Les religions nationales, statiques, sont les machines idéologiques perfectionnées des sociétés closes, et par suite de puissants instruments de guerre et d'oppression. À l'inverse, les religions dynamiques créent un espace d'émancipation qui passe par l'ouverture d'un horizon universaliste. La religion dynamique par excellence est pour Bergson le christianisme, matrice de la démocratie et plus précisément de la devise républicaine Liberté-Égalité-Fraternité. Dans l'histoire bergsonienne des religions, la singularité juive tient à la tension entre le pôle nationaliste et le pôle universaliste. Aron pour sa part estime que le judaïsme authentique penche décidément vers l'universalisme. En ce sens il n'est pas bergsonien, sensible pour sa part à cet entre-deux du prophétisme juif. Aussi n'est-il peut-être pas autant qu'il le dit du côté des prophètes. « Si je t'oublie Jérusalem, que ma droite m'oublie[50] », chante Jérémie selon la tradition juive. Il n'empêche que quand le sionisme en vient à oublier à son tour le pôle universaliste du prophétisme, il n'est lui non plus pas aussi juif qu'il le prétend. Car il fait de la nation un absolu, ce qui relève de l'idolâtrie selon les mots mêmes d'Aron. La part d'universalité que porte une nation qui mérite vraiment son nom commence par la reconnaissance du droit des autres peuples à s'instituer eux-mêmes en nations. Or, s'il n'était pas absurde en 1983 de penser que les Palestiniens finiraient par construire un État national, "la solution à deux États" semble à ce jour enterrée. Qui regarde la situation en aronien dira donc qu'Israël, par la condition dans laquelle il maintient les Palestiniens, suit actuellement une politique diamétralement opposée au spirituel juif. C'est pourquoi la Diaspora doit, plus que jamais, porter la conscience morale d'Israël, qui se trouve au cœur de l'idée authentiquement juive de la nation. Le plus grave danger pour les juifs serait de détourner le regard de la tension constitutive de leur religion. La Diaspora a une double obligation politique : lutter comme citoyens de leur pays contre l'antisémitisme, en tant qu'il fait offense à la dignité humaine ; lutter comme juifs contre l'oubli sioniste du pôle universaliste du judaïsme.

Le judaïsme français joue ici sa propre partition, car l'identification passionnée des juifs à l'idée républicaine aura constitué un immense enrichissement du monde juif. Si l'on peut craindre qu'en effet "la France sans les juifs" ne soit plus la France, on doit craindre tout autant que, privé de la figure israélite[51], le judaïsme comme religion perde la dimension peut-être la plus haute de sa moralité politique. L'israélite étant ce juif pouvant devenir pleinement juif *par le fait même* qu'il est devenu pleinement citoyen français, l'israélitisme aura été une expérience révolutionnaire dont on n'a pas fini de mesurer les effets.

L'israélitisme est-il une chose du passé ? Les Séfarades — et la question se pose aussi pour les juifs d'Algérie devenus français en 1870 par le décret Crémieux — que sont pour l'essentiel les français juifs auront-ils, comme ces israélites lorrains farouchement attachés à la Révolution, la religion de 1789 ? Porteront-ils entières la conscience républicaine et la conscience morale d'Israël ? Telle est la question qui vient à l'esprit en lisant Aron.

Frédéric Brahami

Note parue dans la revue Commentaire
(n° 131, automne 2010)
à propos de la conférence de presse
du général de Gaulle du 27 novembre 1967.

LES CAUSES DE L'ANTISÉMITISME : RECTIFICATION

Si l'on compare le texte du général de Gaulle tel qui a été prononcé le 27 novembre 1967 (voir *Le Monde*, 29 novembre 1967, *L'Année politique 1967*, PUF, 1968, p. 394), puis tel qu'il a été publié dans les *Discours et messages du général de Gaulle* (tome V, *Vers le terme*, Plon, 1970, p. 232), on constate qu'il a été corrigé.

TEXTE PRONONCÉ

L'établissement entre les deux guerres mondiales, car il faut remonter jusque-là, l'établissement d'un foyer sioniste en Palestine et puis, après la Seconde Guerre mondiale, l'établissement d'un État d'Israël, soulevait à l'époque un certain nombre d'appréhensions. On pouvait se demander, en effet, et on se demandait même chez beaucoup de Juifs, si l'implantation de cette communauté sur des terres qui avaient été acquises dans des conditions plus ou moins justifiables et au milieu des peuples arabes qui lui étaient foncièrement hostiles, n'allait pas entraîner d'incessants, d'interminables frictions et conflits. Certains même redoutaient que les Juifs, jusqu'alors dispersés, mais qui étaient restés ce qu'ils avaient été de tous temps, c'est-à-dire un peuple d'élite, sûr de lui-même et dominateur, n'en viennent, une fois rassemblés dans le site de leur ancienne grandeur, à changer en ambition ardente et conquérante les souhaits très émouvants qu'ils formaient depuis dix-neuf siècles.

*Cependant, en dépit du flot tantôt montant, tantôt descendant, des malveillances **qu'ils provoquaient, qu'ils suscitaient plus exactement,** dans certains pays et à certaines époques, un capital considérable d'intérêt et même de sympathie s'était accumulé en leur faveur surtout, il faut bien le dire, dans la chrétienté ; un capital qui était issu de l'immense souvenir du Testament, nourri par toutes les sources d'une magnifique liturgie, entretenu par la commisération qu'inspirait leur antique malheur et que poétisait, chez nous, la légende du Juif errant, accru par les abominables persécutions qu'ils avaient subies pendant la Seconde Guerre mondiale et grossi, depuis qu'ils avaient retrouvé une patrie, par leurs travaux constructifs et le courage de leurs soldats. C'est pourquoi, indépendamment des vastes concours en argent, en influence, en propagande, que les Israéliens recevaient des milieux juifs d'Amérique et d'Europe, beaucoup de pays, dont la France, voyaient avec satisfaction l'établissement de leur État sur le territoire que leur avaient reconnu les puissances, tout en désirant qu'il parvienne, en usant d'un peu de modestie, à trouver avec ses voisins « un modus vivendi » pacifique.*

TEXTE CORRIGÉ

*Cependant, en dépit du flot tantôt montant, tantôt descendant, des malveillances **qu'ils suscitaient** dans certains pays et à certaines époques, un capital considérable d'intérêt et même de sympathie s'était accumulé en leur faveur, surtout, il faut bien le dire, dans la Chrétienté [...]*

Préface de l'auteur

J'ai longuement hésité avant d'écrire *Le temps du soupçon*, j'ai hésité plus encore avant de publier cette brochure, faite de pièces et de morceaux.

Si certaines voix s'étaient élevées, si un gaulliste, François Mauriac ou André Malraux, avait répondu au général de Gaulle, à la fin du mois de novembre, ce qu'il aurait répondu à tout autre homme d'État tenant de pareils propos, je serais resté en dehors d'un débat dans lequel je ne puis m'engager en toute sérénité. Hélas, aucun de ces écrivains, honneur des lettres françaises, aucun de ceux qui, tant de fois, s'expriment au nom de la conscience universelle, n'a parlé. Je me suis donc résolu ou résigné non à tenir un rôle auquel je ne puis prétendre mais à plaider contre un réquisitoire d'autant plus insidieux qu'il demeure camouflé. L'accusé qui ne trouve pas d'avocat assure lui-même sa défense.

Les objections que formulent certains, même parmi mes proches, ne me laissent pas indifférent. Sur ce thème empoisonné, diabolique, disent-ils, rien ne vaut que le silence. Vous aggravez le mal en l'évoquant, vous donnez des arguments à ceux que vous dénoncez, jamais vous ne trouverez le ton juste, ou trop agressif ou trop défensif ; vous irriterez tour à tour vos compatriotes non-Juifs ou vos « coreligionnaires ». Entre ces derniers, les uns vous jugeront trop détaché d'Israël et les autres pas assez. La distinction radicale entre État et religion qui va de soi pour les uns, les autres la refusent. Vous appelez les Juifs à se tolérer réciproquement, les Français à respecter une situation singulière, celle des Juifs qui assument les antinomies de leur condition moins en écoutant la raison, qu'ils mettent pourtant au-dessus de tout, qu'en obéissant à des émotions, et vous risquez de les exaspérer tous parce que chacun souhaite une solution et que vous n'offrez que des problèmes.

Peut-être, comme disent certains, ce petit livre fera-t-il plus de mal que de bien. Je fais confiance, malgré tout, aux optimistes et j'espère que des lecteurs, juifs et non-juifs, liront ce témoignage d'un homme seul dans l'esprit même où il a été écrit : non sans passion, mais sans mauvaise foi, avec la volonté de comprendre un destin que je ne veux pas fuir.

J'ai pensé que ce témoignage ne prendrait sa pleine signification qu'à la condition d'ajouter au commentaire de la dernière conférence de presse l'ensemble des articles publiés dans le *Figaro* et dans le *Figaro Littéraire* au cours des semaines de mai-juin 1967 et aussi deux textes, l'un de 1960, l'autre de 1962, écrits à froid et publiés le premier dans *Réalités*, le deuxième dans le *Figaro Littéraire*. Ce dernier avait ému ou indigné beaucoup de Juifs français et presque tous les Israéliens. Je le reproduis par simple honnêteté, afin que personne ne m'accuse d'inconséquence, d'opportunisme ou de reniement. Beaucoup de mes « coreligionnaires » jugeront peut-être cet article, à la lumière des événements de l'année 1967, avec moins de sévérité qu'ils ne le firent en 1962.

R. A., 1967.

PREMIÈRE PARTIE

LA CONFÉRENCE DE PRESSE

La conversation entre le Grand Rabbin et le général de Gaulle, la lettre de ce dernier à M. Ben Gourion appellent un bref commentaire, mais non, me semble-t-il, une rectification du texte suivant. À propos de la phrase qui a soulevé tant d'émotion : « peuple d'élite, sûr de lui-même et dominateur », le Président de la République assure aujourd'hui qu'« il ne saurait rien y avoir de désobligeant à souligner le caractère grâce auquel ce peuple fort a pu survivre et rester lui-même après dix-neuf siècles passés dans des conditions inouïes ».

Les lettres anonymes reçues au lendemain de la conférence de presse suffiraient à démontrer, si l'évidence exigeait une démonstration, que les Français (M. Xavier Vallat, en particulier) n'ont pas tous interprété cette phrase, intercalée dans un développement sur Israël, comme un éloge du peuple juif. Semblable à beaucoup de phrases du chef de l'État, cette phrase se veut ambiguë et l'antisémite, citant un mot célèbre, répondra, à bon droit, lui aussi : « Je vous ai compris ». Au reste, appeler « sûr de lui et dominateur » le peuple des ghettos me paraît, aujourd'hui encore, aussi dérisoire qu'odieux.

Il n'en reste pas moins — et je m'en réjouis — que le général de Gaulle a voulu, sans rien retirer de ce qu'il avait dit, sans atténuer sa condamnation de la politique du gouvernement d'Israël, repousser les accusations d'antisémitisme élevées contre lui. Accusations que je n'ai pas prises à mon compte dans les pages suivantes parce que la notion même d'antisémitisme prête à des équivoques indéfinies. La conférence de presse autorisait solennellement un nouvel antisémitisme, les derniers propos du chef de l'État suspendent, pour ainsi dire, cette autorisation, mais *dans le style propre du Prince, autrement dit, en rejetant sur les autres ses propres responsabilités : seuls des « antigaullistes systématiques » (René Cassin, par exemple) pouvaient « affecter de tenir pour péjoratif » ce que tout esprit droit jugerait élogieux.*

Le dernier mot n'est pas encore dit. Personne n'ignore plus la technique de la douche écossaise ou des intermittences du cœur. Deux pas en avant, puis — la tournée des popotes — un pas en arrière et, de nouveau, deux pas en avant. Malgré tout, je souscris, de bonne volonté mais sans trop d'illusion, à la formule d'André Fontaine : « Il n'est donc pas trop tard pour espérer qu'aux polémiques acrimonieuses et vaines se substitue un dialogue constructif ».

Le temps du soupçon

Des semaines, des mois ont passé sans faire de la conférence de presse du général de Gaulle une vieille nouvelle. Les propos du Président de la République continuent d'émouvoir « le cœur meurtri des Israélites », comme l'a écrit le R. P. Riquet[1]. « Réactions passionnelles de l'âme juive », intelligibles mais injustifiées ? « Malentendu néfaste » que l'exégète, fort de ses bons sentiments et de sa subtilité, parviendrait à dissiper ? Non, mon Révérend Père. Je ne doute pas de votre sympathie : vous l'avez montrée, en d'autres temps qui appelaient des vertus plus périlleuses. Mais je manquerais à la franchise que je vous dois si je n'avouais ma « réaction passionnelle » à votre article. Pourquoi nier l'évidence ? Et avec tant de conviction ? Personne n'est tenu moralement de prendre parti ; après tout, tant d'autres qui auraient dû entendre, n'ont rien entendu. Vous avez entendu, puis vous avez décidé de relire le discours. Alors, relisons-le ensemble. Après tout, les laïcs n'ignorent ni ne méprisent les règles de l'exégèse. Nul n'osera soupçonner le général de Gaulle de ne pas peser ses mots, de s'abandonner aux jeux et aux délices de l'improvisation. Or, trois incidentes révèlent l'intention, délibérément agressive, de l'orateur.

« On pouvait se demander, en effet, et on se demandait même chez beaucoup de Juifs, si l'implantation de cette communauté sur des terres qui avaient été acquises dans des conditions plus ou moins justifiables et au milieu de peuples arabes qui lui étaient foncièrement hostiles, n'allait pas entraîner d'innombrables, d'interminables frictions et conflits. » On se posait en effet de telles questions, et à juste titre. On pourrait aussi se demander si le Président de la République juge utile à sa diplomatie et conforme à l'intérêt de la France, de revenir sur le passé, de raconter à sa façon le cours des événements qui conduisit à la naissance de l'État d'Israël. L'expression « plus ou moins justifiables » pour qualifier l'acquisition de terres a heurté les Israéliens ; elle tranche, en faveur des Arabes, un des procès vainement plaidés depuis des dizaines d'années. Mais, nul ne pourrait le nier sans mentir, beaucoup de Juifs, en effet, ont rejeté le Sionisme non pas seulement parce qu'ils se voulaient Français, Allemands ou Américains, mais parce qu'ils prévoyaient une guerre interminable entre les deux communautés, juive et arabe, de Palestine.

Lisons ensemble, mon Révérend Père, la phrase suivante : « Certains même redoutaient que les Juifs, jusqu'alors dispersés, qui étaient restés ce qu'ils avaient été de tout temps, un peuple d'élite, sûr de lui-même et dominateur, n'en viennent, une fois qu'ils seraient rassemblés, à changer en ambition ardente et conquérante les souhaits très émouvants qu'ils formaient depuis dix-neuf siècles : *L'an prochain à Jérusalem.* » Votre commentaire vaut son pesant d'or : d'après vous, ces craintes furent démenties « par les réalisations pacifiques qui firent refleurir le désert » — ce qui n'empêche que « certains » ont eu ces craintes et « rien ne permet d'affirmer que le Général les prenne à son compte ».

« Certains » ont-ils éprouvé à l'avance de telles craintes ? Il se peut : comment démontrer que ces « certains »-là n'ont pas existé ? Mais quand on se souvient de l'image du Juif que peignaient les antisémites — le Juif à l'échine courbée et aux doigts crochus — « on peut se demander » combien avaient prévu et redouté les exploits militaires des Israéliens. Au reste, que le général de Gaulle ait ou non pris à son compte les « craintes de certains », n'importe guère. Les mots qui ont « ému les cœurs meurtris » — à savoir les Juifs « jusqu'alors dispersés, restés ce qu'ils avaient été de tout temps, c'est-à-dire un peuple d'élite, sûr de lui-même et dominateur » —, ces mots-là le général de Gaulle ne les attribue à personne ; c'est lui qui qualifie le peuple juif de

« sûr de lui-même et dominateur ». Définir un « peuple » par deux adjectifs : un homme d'État s'abaisse lui-même lorsqu'il recourt à un pareil procédé, celui des stéréotypes nationaux, des préjugés raciaux, celui dont les habitués du Café du Commerce ne se lassent pas et dont psychologues et psychiatres analysent infatigablement les mécanismes. Le général de Gaulle s'est abaissé parce qu'il voulait porter un coup bas : expliquer l'impérialisme israélien par la nature éternelle, l'instinct dominateur du peuple juif. Pourquoi ce coup bas ? Je ne sais. Mais, pour l'amour du ciel, mon Révérend Père, reconnaissez d'abord qu'il y a quelque chose à comprendre, même pour celui qui, non-juif, n'a pas le cœur meurtri.

La phrase relative au peuple juif « resté sûr de lui-même et dominateur », ne répondait nullement aux besoins de la démonstration. Que les Juifs constituent ou non un peuple, qu'ils soient ou non dominateurs, l'établissement d'un foyer juif en Palestine risquait en effet, peut-être même devait-il inexorablement entraîner des conflits interminables. Et la dialectique de l'hostilité, à son tour, pouvait inciter les Israéliens à l'agressivité, sans pour autant que le peuple juif, par nature et à travers les siècles, soit et reste « sûr de lui-même et dominateur ».

Un peu plus loin, une rectification du général de Gaulle par lui-même trahit sinon les sentiments de l'écrivain, du moins les intentions du politique. Faut-il dire que les Juifs « provoquaient » ou « suscitaient » les « malveillances » (que l'on admire l'euphémisme !). Le Président de la République n'a permis à personne de s'y tromper. Lisons ensemble, mon Révérend Père : « en dépit du flot tantôt montant, tantôt descendant des malveillances qu'ils provoquaient, qu'ils suscitaient plus exactement, dans certains pays et à certaines époques, un capital considérable d'intérêt et même de sympathie s'était accumulé en leur faveur, surtout, il faut bien le dire, dans la chrétienté. »

Admirons une fois de plus l'art du Prince. Bien sûr, il y a longtemps que nous le savons : sur les persécutés retombe la responsabilité de la persécution. Quant au capital d'intérêt et de sympathie à l'endroit des Juifs accumulé dans la chrétienté, me

sera-t-il permis de recommander au Président de la République
la lecture de quelques livres sur l'histoire de l'antisémitisme ?
L'enseignement du mépris, les pogroms de Rhénanie à la veille
de la première croisade, vingt siècles tragiques se ramassent en
un morceau de bravoure littéraire qui n'appellerait qu'un hausse-
ment d'épaule si l'orateur ne prenait le monde entier à témoin
de son génie.

Enfin, les Juifs figurent une troisième fois dans le discours :
parmi les envahisseurs du Québec. « Parmi les nouveaux arrivants
que le gouvernement canadien déterminait à s'angliciser », les
Juifs reçoivent une place d'honneur entre les Méditerranéens,
les Slaves, les Scandinaves et les Asiatiques. Une fois de plus,
les Juifs méritent une mention à part.

Le général de Gaulle, me répond chacun, juif ou chrétien,
n'a-t-il pas prouvé en acte l'absurdité de l'accusation, élevée
contre lui, d'antisémitisme ? Dans la France libre, dans le R.P.F.,
dans l'U.N.R., dans les gouvernements gaullistes, des Juifs ont
tenu maintes fois les premiers rôles. Le général de Gaulle, celui
dont Charles de Gaulle parle à la troisième personne, n'a établi,
en apparence, aucune discrimination entre les Français juifs et les
Français non-juifs. Pourquoi renierait-il son œuvre, son passé, sa
gloire ? Pourquoi, lui qui veut incarner la France, s'aliénerait-il
non pas seulement les Juifs mais ceux qui n'ont pas oublié les
« abominables persécutions » que les Juifs ont subies pendant la
dernière guerre mondiale, ceux que hante encore le souvenir des
chambres à gaz, ceux aussi, tout simplement, qui jugent inutile,
pour ne pas dire coupable, d'ajouter gratuitement un conflit de
plus à tous ceux qui déchirent la nation française.

Questions légitimes mais qui ne suppriment pas les faits : les
Juifs de France ou, pour mieux dire, du monde entier, ont immédiatement saisi la portée historique des quelques mots prononcés
le 28 novembre 1967 par le Président de la République française :
les antisémites (et M. Xavier Vallat n'a pas eu un instant d'hésitation) recevaient du chef de l'État l'autorisation solennelle de
reprendre la parole et d'user du même langage qu'avant le grand

massacre. L'antisémitisme d'État, d'un coup, devenait de nouveau *salonfähig*, comme disent les Allemands. Or, et sur ce point, je mets au défi n'importe quel homme de bonne foi de me contredire, le général de Gaulle ne pouvait pas ne pas prévoir les réactions passionnelles qu'il a « provoquées, suscitées plus exactement ». Aucun homme d'État occidental n'avait parlé des Juifs dans ce style, ne les avait caractérisés comme « peuple » par deux adjectifs. Ce style, ces adjectifs, nous les connaissons tous, ils appartiennent à Drumont, à Maurras[2], non pas à Hitler et aux siens. Après tout, Georges Bernanos n'a jamais admis un lien quelconque entre son vieux maître Drumont auquel il demeura fidèle jusqu'au bout, et Hitler, qui lui inspirait une horreur profonde.

Depuis vingt ans, une sorte de tabou inhibait la liberté de parler sur ce sujet. Un ami me répond que les Juifs exerçaient une sorte de terreur ; évoquant ou invoquant leurs morts, ils interdisaient la discussion d'un problème qui ne cesse pas d'exister du seul fait qu'on en nie l'existence. À vrai dire, il arrive aussi que l'on crée un problème en le posant. Mais admettons l'existence du problème. Je croyais, en toute naïveté, qu'un « certain silence » s'expliquait moins par le terrorisme juif que par des scrupules de conscience. Qu'aurait pensé un Drumont s'il avait vécu assez longtemps pour assister au génocide : « Je n'avais pas voulu cela » ? Ou bien aurait-il été plus loin dans l'autocritique ?...

Probablement je me trompais. Laissons les morts enterrer les morts. Aucun juif ne doit imposer silence aux antisémites en rappelant le malheur d'hier, si démesuré qu'il ait été. Je n'assimilerai pas les antisémites de 1967 à Hitler et aux siens pour les disqualifier sans les entendre. Mais, écrivant librement en un pays libre, je dirai que le général de Gaulle a, sciemment, volontairement, ouvert une nouvelle période de l'histoire juive et peut-être de l'antisémitisme. Tout redevient possible. Tout recommence. Pas question, certes, de persécution : seulement de « malveillance ». Pas le temps du mépris : le temps du soupçon.

Et maintenant, puisqu'il faut discuter, discutons.

*

* *

Le général de Gaulle a longuement traité d'Israël et du Québec dans le dernier de ces monologues bi-annuels. Insistance au premier abord quelque peu surprenante.

Ni dans un cas ni dans l'autre, la conférence de presse ne modifie sensiblement les prises de position antérieures, Israéliens et Arabes n'ignoraient plus de quel côté penchaient les sympathies du général de Gaulle ou, plus exactement, dans quel camp il s'était rangé. (Depuis le vote aux Nations Unies, la fiction de neutralité s'est dissipée.) Quant aux Québécois, ils savaient déjà (même s'ils ne voulaient pas tous le savoir) que le général de Gaulle leur recommandait la souveraineté, c'est-à-dire le séparatisme. Le Verbe, en dépit de son éclat, ne crée d'un coup ni la paix sur le canal de Suez et le Jourdain, ni les conditions matérielles de l'indépendance politico-économique sur les bords du Saint-Laurent.

L'importance que le général de Gaulle a donnée aux deux dernières crises de son règne s'explique difficilement par la volonté d'agir sur le cours des événements. Le règlement du conflit israélo-arabe, esquissé par le Général, contient, en un dosage savant, des clauses inacceptables soit aux uns soit aux autres. Il ne vaut ni plus ni moins que tout autre plan et n'a pas la moindre chance, dans les circonstances actuelles, d'être accepté par les uns ou par les autres. En vérité, il ne s'agit pas d'un règlement de paix, mais d'un règlement de comptes.

Avec qui ? Avec les journaux français qui, par deux fois en six mois, ont commis un crime de lèse-majesté : critiquer la conduite de la politique extérieure de la France, séparer l'opinion ou une partie de l'opinion de celui qui, depuis juin 1940, peut-être depuis plus longtemps encore, incarne la légitimité française, incarne la France. « Qu'eût dit Valéry de notre presse, s'il avait vécu assez pour lire tout ce que tant et tant de nos journaux ont pu publier — n'est-ce pas ? — à l'occasion de la visite que le général de Gaulle a rendue aux Français du Canada. » Dans l'affaire du Québec, la presse s'est interposée entre le général de Gaulle et l'opinion. Dans l'affaire du Moyen-Orient interviennent les Juifs. Les interprètes élyséens ne nous ont pas permis d'ignorer ce que « parler voulait dire ». Rassemblés en Palestine, les Juifs, désormais nation israélienne, s'engagent sur la voie des conquêtes. Les Juifs dispersés doivent choisir entre leur patrie et Israël. Certes, ils doivent choisir — et l'immense majorité des Juifs français ont choisi, sans hésitation et sans réserves, la France. Mais parviendront-ils jamais à dépouiller le vieil homme « sûr de lui-même et dominateur » s'ils n'y sont pas parvenus au bout de vingt siècles ? Citoyens français, perdront-ils le droit d'éprouver et de manifester quelque sympathie à l'égard de l'État d'Israël ?

Prenons garde à ce point et ne tombons pas dans le piège qui nous est tendu. En insérant une phrase sur le « peuple juif » dans un couplet historique sur la naissance d'Israël, le chef de l'État appelait volontairement deux réponses, l'une qui défendrait l'État d'Israël, l'autre qui dénoncerait la qualification sommaire, pour ne pas dire insultante, des Juifs en tant que tels. La conjonction des deux réponses donnerait un fondement nouveau à l'accusation implicite de double allégeance. Inévitablement les Juifs se diviseraient, les uns uniquement soucieux d'affirmer avec une force renouvelée une allégeance unique, exclusive, à la France les autres enclins à revendiquer le droit simultané à la citoyenneté française et à la sympathie pour Israël, s'accusant réciproquement qui de nourrir l'antisémitisme, qui de trahir leur « judaïcité », coupables s'ils n'acceptent pas sans broncher les retournements de la raison d'État (telle que l'interprète le général de Gaulle), coupables aussi s'ils les acceptent, condamnés à trahir ou leur patrie ou leurs frères.

Tâchons pourtant de distinguer ce que le machiavélisme d'un homme et vingt siècles d'histoire tendent à mêler inextricablement. N'importe quel Français, juif ou non-juif, dans la France de la Ve République, détient selon la Constitution, le droit de commenter librement les propos et les actes du Président de la République. La critique n'équivaut pas à une injure au chef de l'État.

Je n'ai jamais cru à la permanence de l'alliance exclusive au Moyen-Orient entre la France et Israël. Née de la lutte que la France menait en Afrique du Nord pour y maintenir sa souveraineté, cette alliance risquait de ne pas survivre aux circonstances qui l'avaient suscitée. Qui reconnaît les relations internationales pour ce qu'elles sont, ne doit pas feindre étonnement ou indignation lorsque les calculs des « monstres froids » transforment l'ennemi en allié et l'allié en ennemi. Quand M. Ben Gourion vint à Paris, Israël demeurait encore ami et allié, et pourtant, selon l'orateur de 1967, « à la faveur de l'expédition franco-britannique de Suez, on avait vu apparaître en effet un État d'Israël guerrier et résolu à s'agrandir ». On peut se demander si, en fonction même de l'intérêt national, il n'eût pas mieux valu pratiquer ce retournement, si conforme aux lois non écrites de la jungle internationale, en un style moins provocant.

Après tout, les professeurs de machiavélisme n'ont jamais conseillé aux Princes de multiplier les signes extérieurs du cynisme. Les simples mortels, éloignés par leur petitesse des cimes élyséennes, ne vivent pas selon les impératifs de la politique de puissance, ils éprouvent des sentiments naïfs, primitifs, ils aiment à croire que leur guide appartient à la même humanité qu'eux, qu'il tient compte de l'intérêt national mais aussi de certains impondérables, comme on dit, de la justice, du malheur…

Laissons cela. Les Juifs peuvent souffrir de la rupture de l'alliance entre la France et Israël — une alliance qui rendait facile leur condition de citoyens français d'origine[3] juive —, regretter cette rupture, en discuter les avantages et les inconvénients sur le plan même, celui de l'intérêt national, sur lequel se situe légitimement le chef de l'État. Rien de moins, rien de plus. Si original à maints égards, Israël, en tant qu'État, est un État comme les autres, non un État juste mais un État violent, menacé de mort et contraint à l'emploi de la force pour survivre. L'amitié entre monstres ne dure pas.

Au reste, les Juifs de France, y compris les volontaires pour Israël (parfois passionnément gaullistes), comprenaient sans peine la neutralité de la France entre les pays arabes et Israël. N'importe quel gouvernement français, après l'indépendance de l'Algérie et l'achèvement de la décolonisation, se serait efforcé de renouer les liens dits traditionnels avec les pays arabes du Moyen-Orient. Le général de Gaulle s'y est efforcé, avec succès, sans pour autant se dresser contre Israël. Probablement a-t-il eu l'ambition, la noble ambition, de contribuer à la réconciliation « d'Israël et d'Ismaël ». Et, d'après mes informations, il s'est cru tout près de la réussite. Peut-être la violence de ses propos exprime-t-elle une déception à la mesure de ses espoirs d'hier.

Bien entendu, il s'en prend aux autres, avant tout. Reportons-nous à la crise de mai-juin 1967. L'intérêt de la France, celui des pays arabes, celui d'Israël même (quoi qu'en pensent les Israéliens aujourd'hui) ordonnait avant tout d'éviter une guerre que certains, des deux côtés, souhaitaient probablement au fond d'eux-mêmes mais qui, épisode d'un conflit prolongé, ne devait, en aucun cas, rien résoudre. Pour qui connaissait la conjoncture du Moyen-Orient, la fermeture du golfe d'Akaba signifiait une extrême probabilité de guerre. Les Égyptiens le savaient aussi bien que les Israéliens. Aujourd'hui, l'affaire d'Akaba « malencontreusement créée par l'Égypte » (charmant euphémisme) devient un « prétexte offert à ceux qui rêvaient d'en découdre ». À l'époque, je dînai par hasard avec un ministre qui, tout juste sorti d'un conseil élyséen, me démontra à coup de statistiques commerciales qu'après tout « l'affaire » ne tirait pas à conséquence. Je tentai, vainement, de le convaincre du contraire. Si le général de Gaulle avait usé de son influence auprès du Président Nasser pour le détourner de l'aventure, si, seul ou en accord avec les États-Unis et la Grande-Bretagne, il avait honoré l'engagement pris par le gouvernement de la IVe République de maintenir la liberté de navigation dans le golfe d'Akaba, la guerre de Six Jours n'aurait pas eu lieu. Certes, le général de Gaulle n'aurait pu tirer gloire de sa sagesse vaine et solitaire. L'action efficace aurait remplacé le verbe glorieux.

La diplomatie française commit la même erreur que celle de la Yougoslavie et de l'Inde : les délégués de ces deux pays aux Nations Unies poussèrent U Thant à donner le plus vite possible satisfaction au Président Nasser, c'est-à-dire à retirer les casques bleus et, du même coup, à mettre en mouvement la machine infernale ; de même, le général de Gaulle ne fit rien pour empêcher le blocus du golfe d'Akaba, la concentration des troupes égyptiennes dans le Sinaï, l'alliance jordano-syrienne, l'entrée des troupes irakiennes en Jordanie, en d'autres termes les événements qui provoquaient inexorablement l'explosion. Il proposa une conférence à quatre que les Soviétiques refusèrent (ce qui n'aurait pas dû le surprendre) et il se résolut finalement, faute de mieux, à condamner solennellement, à l'avance, du haut de l'Olympe, celui qui tirerait le premier coup de feu. Un regard sur la carte permettait de prévoir, sans grand risque d'erreur, celui qui, logiquement, devait tirer le premier coup. De ce jour, la France renonçait à la neutralité et prenait parti : les Israéliens se rendirent coupables du crime de lèse-gaullisme, ils préférèrent le salut de leurs villes aux témoignages de compassion et d'estime que le général de Gaulle leur assurait, pour la prochaine conférence de presse, en contre-partie de leur docilité. L'auteur du *Fil de l'Épée*, à la place de M. Lévi Eshkol, n'aurait pas agi autrement que ce dernier.

Passif quand il avait peut-être encore une chance de prévenir le conflit, agressif en paroles quand il ne disposait d'aucun moyen d'action, le général de Gaulle ajouta à ses exploits par quelques propos de circonstances : la veille du jour où MM. Kossyguine et Johnson se rencontraient à Glassboro, il affirmait que Russes et Américains en raison de la guerre du Vietnam, ne consentaient plus au dialogue. (En fait, dès le matin du 5 juin, le téléphone rouge fonctionnait et les deux Grands s'accordaient sur la non-intervention). À la première session des Nations Unies qui suivit la crise, les délégués français multiplièrent, avec un succès limité, les efforts pour rallier les États francophones d'Afrique à la motion soviétique.

Raison d'État, me répond le gaulliste. Peu importe sympathie ou antipathie. Réconciliée avec le monde arabe, la France ne devait pas manquer l'occasion de renforcer des liens que même la guerre d'Algérie n'avait pas entièrement rompus. Neutre, la France ne prenait pas assez de distance par rapport aux États-Unis et à la Grande-Bretagne. La mise en accusation anticipée de celui qui tirerait le premier était un trait de génie : elle créait l'impression de la neutralité tout en rendant en fait celle-ci impossible. Elle ébranlait l'opinion française, pro-israélienne en majorité, mais pacifique.

Il se peut et, une fois admise la décision de se ranger du côté des pays arabes, on n'aperçoit guère de meilleur prétexte (bien que le Président de la République, tranchant du juste et de l'injuste, donnant des ordres aux États souverains, prête à sourire). Mais la décision avait-elle été prise avant la déclaration qui engageait la France ? L'irritation du général de Gaulle contre Israël ne s'explique-t-elle pas, au moins en partie, par les illusions qu'il se faisait sur la puissance de ses interdits-illusions que partageaient peut-être ses nouveaux « alliés et amis » du Caire ou de Damas ?

Autant que j'en puisse juger, le général de Gaulle n'a prévu ni les conséquences de la « malencontreuse affaire » d'Akaba, ni la rapidité de la victoire israélienne. À ses visiteurs israéliens, il affirmait la nécessité d'un accord des Quatre ou, plus précisément encore, l'urgence d'une négociation avec l'Union Soviétique : il mettait en relation guerre du Vietnam et crise israélo-arabe. Les diplomates israéliens, eux, se demandaient sur quel miracle comptait le général de Gaulle pour convertir les dirigeants du Kremlin à l'idée d'un règlement pacifique. Ils ne croyaient guère à la thèse gaulliste selon laquelle les Soviétiques menaient, au Moyen-Orient, une opération de diversion en réplique à l'agression américaine au Vietnam. Dans la mesure où ils prenaient au sérieux cette hypothèse, ils s'interrogeaient avec plus d'inquiétude encore sur les chances et les avantages d'une négociation entre les Quatre Grands. Rien n'est possible sans la participation soviétique, répétait le général de Gaulle. Soit, qu'est-ce qui sera possible avec elle ? répondaient les Israéliens.

Le bilan pour la France de la diplomatie gaulliste de mai 1967 au 28 novembre 1967 reste à établir. Personne ne saurait honnêtement prétendre que les profits et les pertes se mesurent objectivement. Gratitude des pays arabes, déception israélienne ; chacun pèsera sur sa balance le poids de ces biens immatériels. Des millions d'hommes qui se faisaient une « certaine idée de la France » ont pris le deuil de leur amour. Un ministre israélien me disait au mois d'août dernier : « Nous n'éprouvions pas de crainte : aussi longtemps que le général de Gaulle, preux chevalier, gardera le pouvoir, nous pouvons compter sur la France. » Je lui répondis : « Vous avez eu tort de confondre Saint Louis avec Louis XI ». Mais d'autres millions d'hommes ont retrouvé ou cru retrouver *leur* France.

Rien n'obligeait le général de Gaulle à choisir. Avant mai 1967, seul entre les chefs d'État occidentaux, il inspirait confiance aux deux camps. Aujourd'hui, lui aussi ne parle plus qu'à un seul. Pour le Président Nasser lui-même, un général de Gaulle *persona grata* à Washington et à Jérusalem aurait plus de prix qu'un émule du Maréchal Tito. Pour obtenir ce qu'il a effectivement obtenu, le Président français n'avait pas besoin de perdre ce qu'il ne regagnera jamais. La tromperie au service d'une grande œuvre se pardonne aisément, inspire même parfois l'admiration ; il n'en va plus de même lorsque l'objectif sent le pétrole et que le renversement des alliances semble dicté par l'humeur, l'amour-propre blessé ou d'obscurs calculs.

*
*   *

« Vous oubliez l'essentiel », me répond un objecteur de bonne volonté (pas nécessairement un gaulliste). « Vous présentez le renversement des alliances sans tenir compte du renversement des valeurs. Depuis juin dernier, Israël n'apparaît plus au monde tel David affrontant Goliath, petit peuple entouré d'ennemis à sa perte acharnés, mais nation orgueilleuse, tenant sous le joug un million d'Arabes. Une fois de plus, le général de Gaulle a compris avant les autres le sens du proche avenir. L'opinion en Europe, peut-être même en Amérique, fera payer chèrement à Israël son enthousiasme d'hier et sa déception présente. »

Selon la conférence de presse, dès 1956 Israël était apparu État guerrier et résolu à s'agrandir. Plusieurs années après, lors de la visite à Paris de M. Ben Gourion, le général de Gaulle appelait encore le pays que représentait son hôte « ami et allié ». Il continuait de lui vendre des armes. Personne n'ignore que le solitaire de Colombey avait imputé au mauvais régime de la IVᵉ République l'échec de l'expédition de Suez, il n'en avait pas condamné le principe ou l'immoralité. Si vraiment le général de Gaulle pensait qu'Israël « serait porté, pour agrandir son territoire, à utiliser toute occasion qui se présenterait », pourquoi continuait-il de lui vendre *Mystère* et *Mirage* ? À moins que, selon la version donnée par les Israéliens des entretiens de Gaulle-Ben Gourion, le Président français n'ait envisagé avec faveur, voire conseillé à son interlocuteur l'agrandissement territorial qu'il condamne aujourd'hui. Le général Mac Arthur, lui aussi, à son retour de Corée, proclamait naïvement, devant le Congrès américain tout entier, que Japon et Chine avaient changé de côté, le Japon passant du mal au bien et la Chine parcourant le même itinéraire en sens contraire. Nul n'imputera au général de Gaulle une quelconque naïveté. Il s'agit pour lui de raison d'État.

Mais pour nous ? Je ne refuserai pas de répondre. En s'associant à l'expédition franco-britannique contre l'Égypte, Israël compromettait sa cause. Il utilisait, résolument, le dernier sursaut de l'impérialisme franco-britannique pour donner une leçon à l'Égypte, mettre fin aux raids des fedayins, ouvrir Elath à la navigation. Les avantages balançaient-ils le coût moral de cette entreprise que la collusion secrète avec Sir Anthony Eden et M. Guy Mollet rendait proprement inacceptable aux meilleurs, aux vrais amis d'Israël ? Aux Israéliens eux-mêmes d'en décider. Je ne prétends pas trancher au nom de la conscience universelle. Citoyen français, je désapprouvais, pour des raisons aussi bien morales que politiques, l'entreprise tout entière : l'occupation du canal de Suez ou même la chute du Président Nasser n'auraient ramené la paix ni en Algérie ni au Moyen-Orient. Le cynisme n'offre pas une garantie d'efficacité.

Certains veulent aujourd'hui réhabiliter ce qui ne mérite que l'oubli en invoquant les événements de 1967. Si les États-Unis avaient laissé agir les Franco-Britanniques, nous disent-ils, si ces derniers, en dépit de l'opposition russo-américaine, avaient eu le courage d'aller jusqu'au bout, le monde eût fait l'économie d'une guerre. Je ne reviendrai pas sur les préliminaires de l'agression franco-anglo-israélienne ni sur les responsabilités respectives des uns et des autres. Je n'éprouve guère plus d'indulgence pour J.-F. Dulles que pour Sir Anthony. Mais, en dernière analyse, ceux qui prennent la décision de recourir aux armes doivent au moins calculer le rapport des forces, prévoir les réactions probables des divers acteurs. La réaction américaine à une version XXe siècle de la diplomatie des canonnières était pour le moins probable. Et quel gouvernement égyptien aurait succédé à celui du Président Nasser après le retrait des troupes franco-britanniques (en supposant que celles-ci aient occupé quelques mois la zone du canal) ? Les Français, délibérément, les Britanniques sans le vouloir, ont, en 1956, prêté aide et assistance à l'État d'Israël. Les dirigeants de cet État ont estimé que, dans leur situation, ils devaient s'interdire le luxe de scrupules moraux. Onze ans après, je ne me résigne pas encore à leur donner raison.

Entre 1956 et 1967, mon engagement à l'égard de la France, mes sentiments à l'égard d'Israël n'ont pas changé. Le renversement des alliances ne m'a pas surpris, bien qu'il ait été opéré en un style gratuitement agressif. Je laisse de côté l'estimation, par nature incertaine, des profits et des pertes. Je me limite à l'analyse de l'interprétation que le général de Gaulle propose aujourd'hui de la crise de juin dernier. Et cette interprétation me paraît profondément injuste ou, pour mieux dire, délibérément inexacte.

Présenter l'affaire d'Akaba comme un « prétexte » offert à ceux qui rêvaient d'en découdre, c'est déformer les faits :

le gouvernement d'Israël avait maintes fois proclamé qu'il ne tolérait pas la fermeture du golfe d'Akaba alors que le canal de Suez restait interdit aux navires israéliens. Rien en l'état actuel de nos connaissances n'autorise à présenter l'État d'Israël comme guettant l'occasion de conquête. Il existait, à coup sûr, des hommes ou des groupes qui souhaitaient une telle occasion. Le gouvernement au pouvoir, celui de M. Levi Eshkol, représentait la tendance opposée. Le premier ministre, au jour même du déclenchement des hostilités, déniait toute ambition territoriale.

Que le lecteur m'entende bien ; je ne veux pas substituer une image d'Épinal à une autre. Les Israéliens ne sont pas des anges non plus que les Arabes des monstres (ni inversement). Les uns et les autres s'affrontent en un conflit inexpiable qu'ils tendent de plus en plus à juger ensemble inexpiable. Au mois d'avril 1967, ni les Israéliens ni le Président Nasser ne voulaient ou ne préparaient la guerre. La tension permanente s'aggrava progressivement, les représailles israéliennes répondaient aux attentats terroristes, les « progressistes » de Syrie faisaient honte au Président Nasser de sa passivité. Quand des États ne s'acceptent pas réciproquement et maintiennent, à leurs frontières, une insécurité toute proche d'hostilités ouvertes, j'admire ceux qui prétendent, de loin, décider du juste ou de l'injuste, des « représailles légitimes » et de la « brutalité excessive ». Tout, au Moyen-Orient, apparaissait scandaleux aux hommes de bonne volonté, le sort des réfugiés, comme dit le général de Gaulle, oui, bien sûr, mais aussi le bombardement des kibboutzim par l'artillerie syrienne, mais aussi l'enseignement de la haine dans toutes les écoles arabes, mais aussi les menaces d'anéantissement proférées à l'égard d'un État reconnu par la communauté internationale.

On n'aura jamais fini d'énumérer les scandales, mais il reste qu'en mai 1967 les initiatives qui portaient en elles la guerre « comme la nuée l'orage » sont venues du Président Nasser. En fermant le golfe d'Akaba, celui-ci n'a pas seulement défié Israël mais aussi les États-Unis et la Grande-Bretagne. Il a défié en même temps la France puisque celle-ci avait, elle aussi,

en 1957, pris des engagements solennels à l'égard d'Israël ;
probablement avait-il été rassuré à l'avance sur ce point par
les représentants du général de Gaulle. Ce défi ne prouve pas
encore que le Président Nasser « voulait » la guerre. Le gouvernement austro-hongrois, en envoyant un ultimatum à la Serbie,
en ordonnant le bombardement de Belgrade, lançait, lui aussi,
un défi à l'Europe. Il ne voulait probablement pas la guerre, en
tout cas pas la guerre qui a eu lieu. Peut-être le Président Nasser
se serait-il contenté du succès diplomatique que représentait la
fermeture du golfe d'Akaba après le retrait des Casques bleus.
Mais il n'ignorait pas — et son porte-parole l'écrivait — qu'il
avait pour ainsi dire acculé Israël à la guerre. Et cette guerre, il
comptait bien, sinon la gagner décisivement, du moins ne pas
la perdre. Or, pour l'Égypte, il suffisait de tenir quelques jours
en des combats équilibrés, pour remporter une victoire qui, à
échéance, condamnait Israël à mort.

Dira-t-on que le chef de l'État égyptien ne pouvait pas nourrir
d'intentions agressives, étant donné le rapport des forces tel qu'il
s'est révélé sur le champ de bataille ? L'objection ne tient pas. Que
l'on demande aux interlocuteurs du général de Gaulle le cours des
événements que prévoyait celui-ci, après les succès initiaux des
Israéliens. À Jérusalem, M. Ben Gourion, accablé, ne voyait plus
d'espoir ni en se résignant à la capitulation ni en prenant le risque
de l'attaque. Les ministres n'arrivaient pas à croire sur parole les
généraux de l'aviation, qui ne convainquaient même pas toujours
leurs collègues des autres armes.

À la fin du mois de mai 1967, de défi en défi, de mobilisation en
mobilisation, l'épreuve des armes devenait inévitable. Je pensais
à l'époque, je continue à penser aujourd'hui que le gouvernement
israélien n'avait plus guère de choix et que les responsabilités
majeures, en cette conjoncture, incombaient à ses ennemis. Le
général de Gaulle avait promis d'intervenir au cas où Israël se
trouverait en danger de mort. Et, nous dit M. Gorse, une promesse
du général de Gaulle vaut quelque chose. Qu'aurait-il envoyé au
secours d'Israël, en dehors d'une conférence de presse ?

Tels étaient, au printemps dernier, les sentiments de la majorité des Français, de la majorité des Européens (dans l'Europe socialiste aussi, en dépit des prises de position des gouvernements). Probablement ces sentiments ont-ils, à mesure que passait le temps, perdu de leur fraîcheur, de leur simplicité. On craignait la destruction d'un État, l'extermination d'une nation. Or cette nation, sortie d'un « peuple » dispersé, qui, à travers les siècles, a subi toutes les persécutions et leur a finalement survécu, voici que soudain elle remporte une victoire éclatante et, sauvant sa vie, risque de perdre son âme : les soldats israéliens se muent en occupants.

Les questions que sous le coup de l'émotion personne ne se posait, chacun les pose maintenant. La propagande israélienne a-t-elle mobilisé l'opinion ? A-t-elle dénoncé un péril fictif d'extermination afin d'atteindre ses objectifs de conquête ?

La « propagande » pro-israélienne, les Arabes s'en sont chargés. Après coup, les menaces de l'organisation palestinienne de libération rendent un son creux. Nul ne les entend plus, que dis-je ? elles se sont perdues dans le fracas des chars et les sables du désert ; de ce désert sur lequel cheminaient, hagards, ivres de soif et de soleil, les soldats égyptiens auxquels on avait promis la victoire, la rencontre à Tel-Aviv avec leurs camarades syriens dans la joie du massacre et du butin. *Aujourd'hui* nous jugeons excessives nos émotions d'hier, mais — je parle pour moi — nous ne les renions pas. Juifs et non-Juifs, par millions, les ont partagés, en Europe et en Amérique, à Varsovie et à Paris. Mais — j'en demande pardon à mes amis arabes de Tunisie, d'Algérie, du Maroc, d'Égypte aussi (car je ne crois pas avoir perdu leur amitié) — nous nous trompions sur la capacité militaire des Égyptiens, des Jordaniens et des Syriens, non sur le sort réservé à la nation israélienne en cas de défaite ni sur le sort qui les attend demain s'ils perdent une bataille. Les Arabes peuvent perdre des batailles et des batailles pour finalement gagner la guerre (ils disposent du temps, de l'espace et du nombre), Israël perdrait la guerre et la vie s'il perdait une seule bataille. David, une troisième fois, abattit Goliath mais il demeure David, momentanément supérieur par ce que l'on appelle aujourd'hui intelligence, la maîtrise des techniques, mais, après comme avant, sans réserves, sans position de repli. La garnison assiégée a mené à bien une sortie victorieuse, elle a élargi son périmètre de défense. Elle continue d'être assiégée et continuera de l'être pour des années, sinon des décennies.

L'enthousiasme pro-israélien de juin dernier, me dit un ami très cher, n'avait-il pas quelque chose d'équivoque et, en certaines circonstances, de déplaisant ? « Manifestations indécentes », décrète un signataire d'une *Tribune libre* du *Monde* que l'on n'imaginait pas arbitre de la décence ; j'en conviens : je n'aimais ni les bandes de jeunes qui remontaient les Champs-Élysées en criant : « Israël vaincra », ni les foules devant l'ambassade d'Israël. Je n'aimais pas les tenants de l'Algérie française ou les nostalgiques de l'expédition de Suez qui poursuivaient leur guerre contre les Arabes par Israël interposé... Les émotions collectives charrient le meilleur et le pire ; ceux qui s'érigent aujourd'hui en juges de bonnes mœurs politiques, n'ont pas manifesté en toutes circonstances un sens subtil des nuances. Peu importe : acceptons la censure des hommes qui, en juin dernier, ont gardé à chaque instant leur sang-froid, qui n'ont jamais éprouvé la moindre inquiétude pour la vie des populations israéliennes ou qui, armés de statistiques, comparaient les deux millions et demi de Juifs rassemblés en Palestine aux dizaines de millions d'Indiens qui mangent tout juste assez pour ne pas mourir de faim. Les Français, Juifs et non-Juifs, qui, au printemps dernier, se sentaient concernés jusqu'au plus profond de leur être par le destin de ce petit nombre, n'ont pas à rougir d'une affinité particulière. Doivent-ils en demander pardon ? Par l'affrontement indo-pakistanais, qui se sentait « concerné » en France ? L'affrontement israélo-arabe a bouleversé des millions de Français et d'Anglais, d'Allemands et de Russes, non par le fait d'un « complot juif » ou par l'action des Français juifs (ou des Juifs français) qui parlent à la radio ou écrivent dans les journaux (mon ami Yves Cuau, correspondant du *Figaro* en Israël, résistait plus mal que moi à la passion). En une civilisation nourrie de christianisme, comment le destin du peuple dont naquit le Christ ne remuerait-il pas en chacun, croyant ou incroyant, des souvenirs d'enfance, des sentiments troubles ? Le peuple qui n'a pas reconnu le Sauveur devint, pour des siècles et des siècles, le Christ parmi les peuples, au visage couvert de crachats — celui que Voltaire, oui, Voltaire, accusait de répandre autour de lui une odeur insupportable aux narines de chrétiens... jusqu'au jour où dans l'Allemagne de Mendelssohn et de Nietzsche montèrent les fumées des usines de mort.

Soit, me répond un objecteur de bonne foi. Je comprends que l'Europe chrétienne qui, depuis vingt ans, a voulu oublier plutôt que comprendre, se soit pour ainsi libérée de ses troubles de conscience en dénonçant à l'avance le génocide dont elle a cru, à tort, les Israéliens menacés. Mais les Juifs français, ceux qui, comme vous, nous affirment qu'ils sont et se veulent citoyens français « comme les autres », ceux aussi qui, rapatriés d'Afrique du Nord, ont préféré la France à Israël n'auraient-ils pas dû se tenir en retrait, éviter les paroles et les gestes qui prêtaient à l'accusation de « double allégeance ». Ce qui s'est passé, en ces jours de folie, rendait inévitable le renversement dont le général de Gaulle a été moins l'initiateur que l'interprète.

Bien sûr, mon frère, si sage comme tous les hommes quand tu parles pour les autres. Il aurait mieux valu que... Les Juifs n'auraient pas dû... Tout cela va de soi. Je l'avoue : après le soleil de juin, j'attendais les frimas de novembre. Mais les mêmes qui participaient à l'enthousiasme pro-israélien au printemps, ont tendance, en automne, à faire grief aux Juifs des sentiments qu'eux-mêmes, non-juifs, ont éprouvés. On oublie le fait majeur qui seul explique la quasi-unanimité des Juifs de France : parce que les sympathies de la majorité des Français allaient à Israël, les Juifs éprouvaient une joie émerveillée, la réconciliation de leur citoyenneté française et de leur « judaïcité » : en manifestant leur attachement à Israël, ils ne se séparaient pas des Français, ils se mêlaient à eux. C'était trop beau pour durer : eux aussi croyaient au Père Noël.

Un ami, comme moi déjudaïsé, me suggère une issue. Ne faut-il pas attribuer les excès du pro-israélisme, les « manifestations indécentes » aux nouveaux venus, aux Juifs partis d'Afrique du Nord après l'accession des pays du Maghreb à l'indépendance ? Les « assimilés », eux, n'auraient pas commis ces fautes de tact qui ont, légitimement, irrité le chef de l'État. Que cet ami m'excuse : l'argument me fait honte. Il me rappelle des souvenirs sinistres. Au cours des débats sur la « question juive », dans les clubs d'étudiants à Berlin en 1933, combien de fois ai-je entendu les orateurs nationaux-socialistes inviter leurs interlocuteurs juifs à désavouer des « coreligionnaires » récemment arrivés de Pologne, au moins à garder leur distance. Il convenait de distinguer, disaient-ils la bouche enfarinée ; un régime s'appliquerait aux Juifs, allemands depuis des générations, un autre à ces Polaks, chargés de tous les péchés et des Polonais et des Juifs.

Pour qui me prend-t-il ? Je ne commetrai pas une pareille lâcheté. Sociologue, je ne refuse évidemment pas les distinctions inscrites par des siècles d'histoire dans la conscience des hommes et des groupes. Je me sens moins éloigné d'un Français antisémite que d'un Juif du Sud marocain qui ne parle d'autre langue que l'arabe et qui sort à peine de ce qui m'apparaît moyen âge ou mieux obscurité impénétrable des cultures radicalement étrangères. Mais du jour où un Souverain décrète que les Juifs dispersés forment « un peuple sûr de lui-même et dominateur », je n'ai pas le choix. Seuls les enfants se défendent en accusant les autres : « ce n'est pas moi, c'est lui ».

Revenons à juin dernier. Je viens d'écrire : la quasi-unanimité de la communauté juive. Or cette communauté n'existe pas en tant que telle, elle n'a pas d'organisation, elle ne peut ni ne doit en avoir. Je ne connais pas le pourcentage des pratiquants et des non-pratiquants parmi ceux que le gouvernement de Vichy désignait comme Juifs ou qui continuent d'appartenir au « peuple dominateur ». Mais aucun Juif de ma connaissance ne se tient pour représenté par le Consistoire ou le *Fonds social juif unifié*. Ce dernier est une association de bienfaisance ou d'assistance sociale, celui-là une association civile, en rapport avec le culte ou l'Église. Ni l'un ni l'autre ne constitue l'équivalent d'un groupe de pression. La revue *L'Arche* ne reflète pas les sentiments de l'ensemble des Juifs de France ; pour des raisons peut-être regrettables mais intelligibles, les rédacteurs appartiennent à la minorité des Français juifs passionnément attachés à Israël par conviction religieuse, par sionisme ou par fidélité à des traditions spécifiques dans lesquelles nation, culture, religion ne se distinguent pas.

Les Juifs de France, pour la plupart, ne connaissent même pas l'*Arche*. Sur tous les sujets, ils professent les opinions les plus variées, ils appartiennent les uns à la gauche, les autres à la droite. Beaucoup avaient voué un culte au général de Gaulle ; parmi les intellectuels de gauche d'origine juive, on comptait nombre d'antigaullistes mais leur attitude ressemblait à celle des autres intellectuels de gauche bien plus qu'à celle des autres Juifs. En bref, les opinions des Français juifs se répartissaient entre les différents partis plus ou moins comme celles des autres Français — avec cette réserve peut-être que les Juifs conservent une sorte de fidélité instinctive aux idées de 1789 et aux partis qui s'en réclament parce qu'ils leur doivent leur « libération ». Peut-être voudra-t-on bien reconnaître qu'un Juif n'a pas le devoir d'adhérer à l'*Action française* pour faire la preuve de sa citoyenneté. Au reste, nombre de Juifs ont gardé à l'égard du maréchal Pétain et du gouvernement de Vichy des sentiments ambigus. Des Juifs allemands, avant eux, appelaient de leurs vœux un national-socialisme sans antisémitisme.

À quoi bon rappeler ces faits bien connus ? Nous voici revenus en un temps où ce qui va sans dire va encore mieux en le disant. Car il y a quelque chose à comprendre : l'impression donnée à l'opinion française que, soudain, les Juifs français, dispersés à travers la nation, formaient un bloc. Impression fausse ? Pour une part, certainement. *Le Monde* a publié des lettres dans lesquelles des Juifs exprimaient des sentiments hostiles à Israël et dénonçaient l'agression militaire. Les pacifistes, parmi les Juifs, n'ont pas cessé d'être pacifistes quand Israël a pris les armes. Dans le numéro spécial consacré par *Les Temps Modernes* au conflit israélo-arabe, le meilleur article favorable à la cause arabe avait été écrit par un

Juif dont je respecte la solitude (les Juifs le renient, les Arabes ne l'adoptent pas et les Français, pro-israéliens ou anti-israéliens, le regardent avec soupçon : Christ ou Judas ?).

Cela dit, il reste que les Juifs de France ont donné pour la première fois l'impression de former une sorte de communauté. Bien entendu, beaucoup ont protesté contre la lettre d'Edmond de Rothschild, qui évoquait la vieille pratique de l'impôt versé par les Juifs de partout afin de venir au secours de leurs frères en péril sur une terre lointaine et inconnue. Les intellectuels de gauche se sentaient mal à l'aise en compagnie des barons de la finance internationale. Le rôle que jouent les Rothschild ou plus largement les riches dans les organisations juives s'enracine dans un passé séculaire. Les Juifs qui dénoncent ou déplorent ce rôle consentiraient-ils à donner leur temps au Consistoire (alors qu'ils ont perdu la foi) ou au Fonds national juif unifié (auquel ils envoient leur contribution par respect humain) ?

Bourgeois ou intellectuels, la plupart des Juifs français sont désormais des Français juifs. En période tranquille, ils se soucient peu de leur « judaïcité » dont ils n'ont même pas conscience et qu'ils n'assument à l'égard des autres que par dignité. Ils s'irritent ou s'indignent quand les Israéliens leur reprochent de déserter le judaïsme ou de consentir à l'assimilation. Pourquoi devraient-ils la fidélité à une religion alors qu'ils ont perdu la foi, à des traditions pour une part imposées par le monde environnant. Entre Juifs assimilés (ou déjudaïsés) et Juifs de diverses manières attachés à l'existence de leurs pères, le dialogue (j'en sais quelque chose) manque souvent d'aménité.

Pourquoi ces choix incompatibles qui dressent les Juifs contre les Juifs furent-ils, en apparence, réconciliés à la faveur d'une émotion collective ? La réponse même à cette question va opposer les Juifs les uns aux autres : je ne me fais aucune illusion. Ceux de mes « coreligionnaires » restés authentiquement juifs interprètent mon ralliement selon les normes de leur propre univers mental. À leurs yeux, ma « judaïcité », longtemps refoulée par la résolution d'être français à part entière, a soudain explosé au jour, forçant les barrages de la raison raisonnante. Je ne prétends pas connaître les mobiles derniers de mes attitudes mieux que les autres. Je laisse à tous, sionistes aussi bien qu'antisémites, la liberté d'interpréter mes propos selon leurs préférences. Pour moi, je m'en tiens à ce que me révèle mon expérience intérieure.

Je n'ai jamais été sioniste, d'abord et avant tout parce que je ne m'éprouve pas juif. Il m'apparaissait probable que l'État d'Israël, par son existence même, entraînerait un conflit prolongé. Je ne consens pas plus aujourd'hui qu'hier à soutenir *inconditionnellement* la politique des quelques hommes — ni meilleurs ni pires que ceux qui gouvernent ailleurs — responsables de l'État israélien. Mais je sais aussi, plus clairement qu'hier, que l'éventualité même de la destruction de l'État d'Israël (qu'accompagnerait le massacre d'une partie de la population) me blesse jusqu'au fond de l'âme. En ce sens, j'ai confessé qu'un Juif n'atteindrait jamais à la parfaite objectivité quand il s'agit d'Israël (la non-objectivité marque aussi la prise de position de M. Rodinson).

Les intellectuels de gauche firent la même expérience, plus déchirante pour eux que pour moi. Sionisme, fait colonial ; Israël, base avancée de l'impérialisme, ces formules, dont usent et abusent les communistes, s'offraient d'elles-mêmes à l'esprit enfermé dans un certain système mental. La philosophie de l'histoire que professent implicitement les progressistes, situe la Syrie du bon côté et Israël, qui doit son niveau de vie aux subsides américains, du mauvais côté de la barricade. Les dirigeants de Damas emploient le même langage que l'*intelligentsia* parisienne, ils vitupèrent la guerre du Vietnam, Johnson, le capitalisme. Les dirigeants de Jérusalem et de Tel-Aviv donnent plus de pain et de liberté aux citoyens, ils s'interdisent le luxe des discours idéologiques. Peut-être condamnent-ils, au fond d'eux-mêmes, la guerre du Vietnam (ce n'est pas sûr), ils ne le proclament pas, ils ne le murmurent même pas.

Je vais plus loin. S'il existe « un camp impérialiste », un ensemble de pays étroitement liés, obéissant à la même inspiration sinon aux mêmes ordres, comment nier qu'Israël en fasse partie ?

La sécurité de l'État juif dépend de la VIe flotte américaine ; non que celle-ci ait combattu les Arabes, mais, par sa présence même, elle a neutralisé la force soviétique, limité le théâtre des opérations et permis le combat singulier dans lequel les soldats juifs l'ont emporté. La victoire israélienne signifie-t-elle un succès de plus à l'actif de « l'impérialisme américain » ? Oui et non. Le Président Johnson ne savait comment honorer l'engagement pris par son prédécesseur : il s'est réjoui qu'Israël n'ait pas eu besoin de lui pour ouvrir de nouveau à la navigation le golfe d'Akaba. La crise lui a donné l'occasion d'éprouver l'entente russo-américaine, implicitement prévue pour le règlement des crises susceptibles de mettre en péril la paix du monde. Il n'a pas pour autant ordonné ou prévu le déclenchement des hostilités. Quant au bilan, il ne compte pas seulement un actif. L'Union Soviétique occupe désormais en Méditerranée orientale des positions plus solides que jamais, elle possède les bases sur lesquelles les gouvernements tsaristes déjà jetaient des regards d'envie. La flotte d'Union soviétique, encore inférieure à la VIe flotte américaine, se renforce progressivement.

Dans le poker de la diplomatie mondiale, comment le nier ? Israël, bon gré mal gré, est une carte américaine, nullement satellite des États-Unis mais provisoirement vouée à la protection américaine, à l'hostilité soviétique. Et les dirigeants des pays arabes le haïssent d'autant plus qu'ils parlent un langage plus progressiste. Car les gouvernants de Jérusalem, en dépit ou à cause de la tradition socialiste-révolutionnaire de leurs premiers chefs, ressemblent à des démocrates, à des social-démocrates d'Europe, au moins en ce qui concerne la gestion des affaires économiques, le style des débats partisans. Un homme d'État européen trouve immédiatement un langage commun avec eux alors qu'il a tant de peine, bien souvent, à comprendre les chefs des États arabes et à faire la part, en leurs propos, de la rhétorique et de l'action, du rêve et du réel.

Enfin, personne, à moins de fanatisme ou d'aveuglement, ne parvenait à prendre entièrement parti pour l'un ou l'autre des deux camps en invoquant des principes universels, en opposant le bien et le mal, comme aiment à le faire les intellectuels de gauche. Le général Harkabi l'écrit lui-même, dans un des articles du numéro spécial des *Temps Modernes*, les Juifs n'ont pu accomplir leurs aspirations nationales sans que les Arabes ne souffrissent une injustice. Les deux camps ont chacun un dossier en bon ordre, chargé d'arguments impeccables. Pour les Arabes, l'existence même d'Israël constitue une agression, une iniquité, une humiliation comme au premier jour. Les Israéliens ont fécondé la terre, reçu les minorités juives chassées des pays arabes, édifié un État, lutté contre la nature, traduit en réalité laïque les promesses d'une religion à laquelle beaucoup ne croyaient plus et à laquelle tous restaient mystérieusement attachés. Affrontement tragique et pourtant personne ne se résignait au rôle de spectateur pur.

En va-t-il jamais autrement ? Quels combats dans la jungle où rôdent les monstres froids ne méritent pas le qualificatif de douteux ? Un étudiant israélien m'a interrogé récemment à propos d'un passage des mémoires de Simone de Beauvoir ; celle-ci raconte, paraît-il, que j'aurais justifié la conduite des autorités anglaises à l'égard de l'*Exodus*. J'ai conservé, moi aussi, un souvenir de la conversation. Un jour, au café de Flore, Sartre et Simone de Beauvoir déchaînaient leur courroux justicier contre les Anglais. Je fis observer que ces derniers n'avaient pas la tâche facile entre les Arabes et les Juifs ; ils ne créaient pas le conflit israélo-arabe, ils tentaient de l'arbitrer. À l'époque, Simone de Beauvoir et Sartre, généreux et emportés, toujours en quête d'une discrimination simple entre des anges et des démons, ne voyaient que la cruauté (ou l'impérialisme) britannique et la cause sacrée des martyrs. Je voyais — et qui, songeant à l'avenir, ne l'aurait pas vu ? — la guerre israélo-arabe après le départ des Britanniques, incapables d'imposer la paix et de réconcilier des revendications, toutes légitimes mais incompatibles.

Les intellectuels de gauche, d'origine juive, n'ont pas abandonné le terrain de l'universalisme pour le nationalisme israélien, comme l'écrit J.-M. Domenach sans beaucoup de charité. Ils ont fait la même expérience que Camus. En certaines circonstances, l'intellectuel tenterait vainement d'aboutir à une prise de position à force de réflexion, en pesant le pour et le contre, en confrontant les dossiers des uns et des autres, en se référant aux règles abstraites de la justice. Il se tait ou il obéit à son démon. Juifs ou non-Juifs, ainsi firent les intellectuels de gauche, en juin dernier. Quitte à revenir, le lendemain, à leur quotidien habituel.

Les Juifs se convertirent plus nombreux et avec plus de passion que les non-Juifs, à la défense d'Israël ? À coup sûr. Les voici de nouveau « suspects » ? Il se peut. Mais ils assumeront, comme on dit, leur condition de suspects.

Essayons de poser le problème en termes raisonnables si, en cette conjoncture, la raison a une chance d'être entendue. Que la plupart des Juifs, même hostiles naguère au sionisme, éprouvent pour Israël une sympathie particulière, je ne songe pas à nier le fait et je déplorerais qu'il en fût autrement. Quel degré de sympathie nous est permis sans que s'élève l'accusation de double allégeance ? Je le demande à mes compatriotes. Je le demanderais même au général de Gaulle s'il consentait encore au dialogue.

D'une lettre écrite au *Nouveau Candide* par un « Français sans aucune réserve et israélite sur le plan confessionnel sans aucune honte », j'extrais ces rappels historiques : « Sous la Restauration, des libéraux français, parmi lesquels Armand Carrel, ancien saint-cyrien, ont combattu l'armée française en Espagne dans les rangs de la junte. Pendant la guerre d'indépendance de la Grèce, le colonel Favier et plusieurs de ses compagnons de l'Empire ont combattu aux côtés des insurgés grecs. Pendant les insurrections polonaises de 1830 et de 1864, l'opinion publique était pro-polonaise, malgré la neutralité du gouvernement... Sous le Second Empire, des catholiques français ont servi et combattu dans les troupes pontificales. Au début de la IIIe République, les catholiques français ont combattu, aussi bien au Parlement que dans le pays, pour le pouvoir temporel des Papes... On ne leur a pas reproché d'être catholiques d'abord... Pendant la guerre d'Espagne, plusieurs centaines de Français ont combattu dans les rangs républicains et franquistes... Si demain, le F.L.N. vietnamien accepte des volontaires étrangers, il y aura parmi eux des Français... »

J'entends déjà l'objecteur me répondre : « Ce n'est pas la même chose. » Certes, il n'y a jamais deux cas identiques. Celui du « peuple » juif ne ressemble à aucun autre. Je veux bien que l'on use du concept de peuple juif puisque les sionistes s'accordent sur ce point avec le général de Gaulle. Mais, appliqué aux Juifs, le concept de peuple revêt une signification singulière ; les Juifs de la diaspora ne descendent pas de ceux qui vivaient en Palestine au temps biblique ; ils constituent un quasi peuple par le fait d'une tradition religieuse et du destin imposé au long des siècles. Le Juif qui a cessé de croire ou de pratiquer n'est pas tenu d'admettre la notion même du « peuple juif ».

Pourquoi l'acceptez-vous ? me répond un interlocuteur, français comme moi mais qui écoute avec ironie ces ratiocinations talmudiques. En vérité, je ne le sais pas moi-même avec certitude. Aussi longtemps que je raisonne, je ne trouve aucun motif décisif de reprocher au Français juif le détachement radical à l'égard de ses « coreligionnaires », puisqu'il ne croit plus, ou des Israéliens, puisqu'il se veut exclusivement français, ou gaulliste, ou communiste. *À une condition* ; qu'il ne pousse pas le souci du confort intellectuel jusqu'à nier l'évidence : au yeux des autres il appartient, lui aussi, « à ce peuple d'élite, sûr de lui-même et dominateur ».

À ce détachement, je ne parviens pas et je ne veux pas parvenir, en dépit de ce que j'ai écrit en d'autres temps. Encore une fois, je ne refuse pas aux autres le droit d'interpréter mes mobiles autrement que moi. Incroyant à la manière même que les Juifs pieux aiment le moins — celle de Spinoza — plus proche par ma sensibilité religieuse d'un chrétien ou d'un bouddhiste que d'un de mes « coreligionnaires », je devrais peut-être, si j'allais jusqu'au bout de ma propre logique, rester en dehors de ces querelles qui commencent dans la subtilité verbale et finissent parfois dans le sang ; je me refuse à la suivre. Citoyen français, je revendique le droit, accordé à tous les citoyens, de joindre allégeance à l'État national et liberté de croyances ou de sympathies. Pour les Juifs croyants, Israël a une tout autre signification que pour moi : mais je me mépriserais si je les laissais défendre seuls une liberté dont je me passerais plus aisément qu'eux.

— Vous donnez des arguments à vos adversaires. Si vous, qui n'allez jamais au temple, qui jetez sur le mur des Lamentations le même regard que sur l'église du Saint-Sépulcre, réagissez avec cette passion mal contenue, comment interdirez-vous aux antisémites de tirer la conclusion qu'un Juif reste toujours juif d'abord et français ensuite ? Peut-être, en effet, suis-je en train de donner des arguments aux antisémites. Qui sait ? En certaines circonstances, tout ce que l'on fait est mal fait. Que l'on me pardonne : cette objection ne me touche pas. Un autre interlocuteur plaidera, avec autant de vraisemblance, que le silence passerait pour lâcheté et qu'une première capitulation entraîne toutes les autres. Une seule question pour moi : va-t-on imputer à crime aux Juifs de France, aux croyants d'abord et ensuite aux autres, la sympathie que la plupart d'entre eux ressentent à l'égard de l'État d'Israël ? Va-t-on exiger d'eux, comme le suggèrent certains exégètes de la pensée élyséenne, non pas seulement un choix qu'ils ont déjà fait mais un choix *total* ? Aucun État n'accepte la double allégeance (bien que les lois françaises aient permis à nombre de Juifs de devenir israéliens sans perdre la nationalité française), seul l'État totalitaire impose une allégeance exclusive de tout autre attachement. Les Juifs d'Union Soviétique depuis des années, les Juifs de Pologne, en juin dernier, n'ignorent plus qu'ils ne seront jamais acceptés comme tels par une théocratie ou une idéocratie.

La Ve République ne deviendra ni théocratique ni idéocratique mais la France, gallicane ou jacobine, élimine, volontairement ou non, les dissidences religieuses, les particularités de langue ou de culture. Les Bretons n'apprennent pas plus le celte à l'école que les Basques leur langue maternelle. L'école française « déjudaïse » les Juifs avec une efficacité impressionnante. Mais elle n'a pas réduit la diversité des convictions politiques — diversité qui, vue historiquement, semble la réplique à l'effort, toujours renouvelé et toujours vain, d'unité spirituelle. Je ne connais guère de Juifs inconditionnellement fidèles à l'État d'Israël comme les communistes le sont (ou l'ont été) à l'Union Soviétique. Leur sympathie pour un petit État menacé ne compromet pas la sécurité de la France. Elle n'empêche pas le gouvernement français de signer des contrats avec l'Irak pour faire pièce aux compagnies anglo-saxonnes (tour parfaitement conforme aux règles du jeu). Elle ne suffirait même pas à relancer l'antisémitisme toujours latent si le général de Gaulle, par une demi-douzaine de mots, chargés de résonance, ne l'avait solennellement réhabilité.

Pourquoi l'a-t-il fait ? Afin de se donner le plaisir du scandale ? Pour punir les Israéliens de leur désobéissance et les Juifs de leur antigaullisme occasionnel ? Pour interdire solennellement toute velléité de double allégeance ? Pour vendre quelques *Mirage* de plus aux pays arabes ? Visait-il les États-Unis en frappant les Juifs ? Voulait-il soumettre à une nouvelle épreuve l'inconditionnalité de certains de ses fidèles qui ont souffert sous Charles de Gaulle ? Agit-il en descendant de Louis XIV qui ne tolérait pas les protestants ? En héritier des Jacobins qui aimaient tant la liberté qu'ils interdisaient aux citoyens d'éprouver tout autre sentiment ? Je l'ignore. Je sais seulement que tout nationalisme, poussé au-delà d'une certaine mesure, finit par acculer certains Juifs (dont je ne suis pas mais que je ne veux pas déserter) à l'alternative du refus et du reniement.

Le nationalisme gaulliste franchira-t-il demain le seuil ? La conférence de presse représente-t-elle l'équivalent atténué de l'épuration à laquelle M. Gomulka a procédé en Pologne pour sanctionner certaines hésitations ? Peut-être l'été qui vient nous apportera-t-il la réponse.

*

*   *

Les événements de juin s'enfoncent dans le passé. La Guerre de Six Jours appartient à l'histoire. Les Arabes par l'excès même du malheur et de l'humiliation, appellent aujourd'hui la compassion.

Ce long discours qui ne donnera complète satisfaction à personne, ne tend pas à ranimer les passions du printemps. Je voudrais, comme tout homme de cœur, contribuer à la paix. Je déteste l'idée d'un protectorat israélien sur la Cisjordanie, je m'interroge, comme beaucoup d'Israéliens, sur la sagesse de la politique menée par le gouvernement de Jérusalem depuis le 12 juin. Mais je ne me sens pas le droit de trancher, aussi longtemps que la guerre continue, comme le Président égyptien l'affirme lui aussi. Or, en dernière analyse, les Israéliens ont tiré de la dernière crise la leçon amère qu'ils ne pouvaient, à l'heure du danger, compter que sur eux-mêmes.

Le ralliement de la France au camp arabe, l'encouragement donné par le général de Gaulle aux extrémistes de Syrie, l'indifférence, sinon la sympathie, de la diplomatie française à l'égard de l'installation soviétique en Méditerranée orientale et demain occidentale, ne favorisent ni le maintien de l'équilibre des forces ni l'apaisement progressif. Selon son apparente logique d'aujourd'hui, la politique française préfère l'hégémonie soviétique à l'hégémonie américaine ; du moins compte-t-elle sur la puissance soviétique pour réduire l'influence américaine. Ce jeu qui comporte peut-être quelques avantages matériels pour la France, fait reculer les perspectives d'un règlement. Il lie plus étroitement encore Israël aux États-Unis, invités à fournir les avions modernes, achetés en France et payés mais que le général de Gaulle interdit de livrer.

Rien ni personne ne peut empêcher le Président de la République de s'engager toujours plus avant sur cette voie. Communistes, par anti-impérialisme, gaullistes, par nationalisme et par anti-israélisme, agiront en commun. Le cercle du soupçon se refermera sur les hommes tenus pour responsables des réticences de l'opinion.

Cauchemar ou proche avenir, je ne sais. Peut-être d'autres paroles effaceront-elles les paroles fatales. Peut-être ces paroles fatales prendront-elles un sens défini, impératif. Ce n'est pas le moment de craindre ou d'espérer mais de s'expliquer, sans arrogance, sans fausse humilité. En pareille conjoncture, les Juifs, comme toutes les minorités hétérogènes qu'unifie seule la pression extérieure, inclinent à se quereller : qu'ils acceptent la diversité inévitable de leurs réactions passionnelles et revendiquent ensemble les droits de libres citoyens d'un pays libre : rien de plus, rien de moins.

Un dernier mot : certains ont suggéré que l'antigaullisme inspirait telle motion ou telle protestation contre la conférence de presse, comme si René Cassin ou François Jacob étaient suspects d'antigaullisme. Qui impute aux autres une pareille bassesse doit avoir l'âme basse. Le général de Gaulle a sa place dans l'histoire de France : tout Français, gaulliste ou non, juif ou non, souhaite passionnément que pour l'homme du 18 juin la vieillesse ne soit pas un naufrage.

Combien de Juifs, en France et au dehors, après la conférence de presse ont pleuré, non parce qu'ils redoutaient les persécutions mais parce qu'ils perdaient leur héros ! Combien espèrent encore retrouver ce qu'ils ont perdu !

Ce qui a été dit ne peut plus ne pas avoir été dit, mais le commentaire ou le silence demain fixeront le sens ultime de quelques mots qui, pour une part, définiront le dernier gaullisme.

28 décembre 1967.

DEUXIÈME PARTIE

PENDANT LA CRISE

Bruit d'armes au Proche-Orient[1]

Le retrait des Casques bleus, à l'heure même où montent les périls au Proche-Orient, revêt une valeur de symbole. Les soldats de l'O.N.U. séparent les combattants aussi longtemps que ceux-ci souhaitent d'être séparés. Ils ne sont pas capables d'imposer la paix faute d'en avoir les moyens matériels. Ils n'en ont pas les moyens parce que les États, grands ou petits, poursuivent tous la politique de leurs intérêts. Souvent d'accord pour empêcher l'extension des conflits, ils ne le sont presque jamais pour résoudre les problèmes.

Qu'il s'agisse de la rivalité entre conservateurs et révolutionnaires dans les États arabes ou de la coexistence entre ces derniers et Israël, les problèmes restent provisoirement insolubles. La paix ne peut-être établie par les procédures de la diplomatie — ce qui n'implique pas encore que des opérations militaires soient prochaines ou inévitables.

En dépit de l'inquiétude qu'éveille dans les chancelleries le bruit des armes, les spécialistes demeurent relativement optimistes, dans la mesure où ils supposent que les événements n'échapperont pas au contrôle des principaux acteurs. Comment Nasser pourrait-il envisager une nouvelle campagne du Sinaï, alors qu'une importante fraction de ses troupes est engagée au Yémen ? La Syrie, réduite à ses seules forces, ne peut affronter l'armée israélienne. Les dirigeants de la Syrie, bien que beaucoup d'observateurs les tiennent pour irresponsables, n'ignorent pas que l'Égypte, aujourd'hui dans une position de faiblesse, doit attendre des circonstances favorables avant une nouvelle épreuve de force avec Israël. Celui-ci demeure pour Nasser l'ennemi absolu et permanent, mais, à court terme, les royalistes du Yemen, les modérés d'Aden ou d'Arabie du Sud sont les véritables adversaires, ceux qu'il faut éliminer ou abattre pour ouvrir la voie vers le but lointain.

L'interprétation la plus vraisemblable de la crise actuelle, communément adoptée, se fonde sur cette analyse, sur les intentions, connues ou supposées, des hommes d'État. Puisque ni le gouvernement de Jérusalem ni celui du Caire ne veulent la guerre, celle-ci, logiquement, ne devrait pas avoir lieu. Pourquoi la diplomatie soviétique, quels que soient les objectifs qu'on lui prête, chercherait-elle à provoquer des opérations militaires qui ne tourneraient pas à l'avantage de ses protégés ?

Ce pronostic d'ensemble demeure le plus vraisemblable. Malheureusement, d'autres éléments, moins prévisibles, doivent être pris en considération. Depuis nombre d'années, le gouvernement d'Israël a mis en pratique une doctrine de « représailles limitées ». En cas d'attentats ou de sabotages par des guérilleros arabes, des unités de l'armée régulière infligent une « punition » au pays tenu pour responsable. Le dernier raid de représailles contre un village de Jordanie fut âprement discuté en Israël même, où tout le monde sait le roi Hussein hostile à l'activité terroriste encouragée par le gouvernement de Damas, bien que les infiltrations s'opèrent à travers la frontière entre la Jordanie et Israël.

Ce qui crée le danger dans l'immédiat, c'est la double menace de guérilla arabe et de représailles israéliennes, car il n'est pas démontré qu'aucun gouvernement, à Damas ou au Caire, soit en mesure, même s'il en avait le ferme propos, d'arrêter complètement les activités des guérilleros. Les décisions récentes du président Nasser ont manifestement deux objectifs : dissuader Israël d'appliquer dans l'avenir sa doctrine des représailles, obliger les gouvernements conservateurs d'Arabie à manifester leur solidarité avec les gouvernements révolutionnaires, Israël étant, d'après l'idéologie de tous, le seul et authentique ennemi.

Le départ des Casques Bleus oblige à considérer une autre éventualité, plus grave encore. Depuis la campagne du Sinaï, en

1956, le port d'Elath est ouvert à la navigation. Cette ouverture représente l'avantage principal qu'Israël a tiré de ses succès militaires. Au cours des onze dernières années, un contingent des Nations Unies, stationné au point stratégique, a comme symbolisé le consentement égyptien à la libre circulation dans le golfe d'Akaba. Le retour des soldats égyptiens ne signifie pas encore un changement de la politique du Caire. Il signifie au moins la menace d'un changement.

Certes, le gouvernement israélien a fait savoir qu'un tel changement constituerait un *casus belli*. Mais, là encore, l'échange de menaces et de contre-menaces, de dissuasion et de contre-dissuasion ne permet guère de prévoir l'issue. Car le parti localement le plus fort ne dissuadera pas nécessairement l'autre : beaucoup dépend aussi du soutien que chacun compte recevoir des grandes puissances. Or, au cours des derniers mois, la diplomatie soviétique s'est montrée de plus en plus active dans toute la région qui va de la mer Rouge à Casablanca, en paroles et en actes.

En paroles, elle a soutenu la cause syrienne et révolutionnaire contre l'impérialisme occidental et ses « complices d'Israël ». Les pays arabes tenus pour « progressistes », aussi bien la Syrie que l'Algérie, ont reçu des quantités d'armes relativement considérables. La Tunisie et le Maroc redoutent de plus en plus une « course aux armements », dont l'Afrique du Nord, à son tour, après le Proche-Orient, deviendrait le théâtre.

Là encore, on aurait tort de conclure que la politique de Moscou a pour objectif le déclenchement d'hostilités dont les pays arabes de tendances non révolutionnaires seraient les victimes. Pour l'instant, cette politique se borne à renforcer les États qui lui semblent les plus hostiles aux États-Unis et à la Grande-Bretagne, tout en manifestant, de multiples manières, sa présence en Méditerranée. La flotte soviétique y dispose désormais de bases où elle est volontiers accueillie. Cette présence soviétique ajoute à la complexité de la conjoncture : on ne sait pas, en effet, dans quelle mesure des représailles ou des succès militaires israéliens seraient, en 1967, tolérés par Moscou comme ils l'ont été en 1956. Or les décisions qui seront prises à Damas ou au Caire dépendent, dans une large mesure, des intentions et des projets que Syriens ou Égyptiens prêtent aux dirigeants de Moscou.

Ainsi, une fois admis que personne n'a intérêt à provoquer une crise de première grandeur dans la conjoncture actuelle, l'incertitude n'en subsiste pas moins pour deux raisons majeures : les gouvernements arabes ne commandent pas souverainement aux activités des contingents terroristes ; la dialectique de l'intimidation réciproque semblerait moins imprévisible si la rivalité des grandes puissances ne risquait de bouleverser la logique du rapport local des forces.

Confrontation Russo-Américaine[1]

Rien n'illustre mieux la soudaineté de la crise du Proche-Orient que le rappel des propos tenus au Caire, le 12 mai dernier, par M. Hervé Alphand, secrétaire général du ministère des Affaires étrangères : « La France et la R.A.U. sont proches l'une de l'autre par la même façon dont elles conçoivent toutes deux l'indépendance des peuples, la non-ingérence dans les affaires intérieures des autres États, et par leur coopération désintéressée[2]. »

Il y a une semaine encore, le secrétaire général du ministère israélien des Affaires étrangères s'apprêtait à partir en voyage sans pressentir la tempête prochaine. La conclusion s'impose d'elle-même : la crise présente a été déclenchée de sang-froid et non par accident. Le moment en a été probablement choisi à l'avance. C'est le président Nasser qui a pris la décision, mais, derrière lui, il est difficile de ne pas supposer le consentement de Moscou. Les envois d'armes soviétiques aux pays arabes, qui s'étaient accélérés au cours des derniers mois et que le général Béthouart avait commentés ici même, annonçaient l'orage, que redoutaient en effet les observateurs britanniques. Des amis m'en avaient longuement parlé à Londres, le mois dernier.

Sur les intentions de la diplomatie soviétique, nous ne pouvons que spéculer, mais il est tentant de mettre les événements du Proche-Orient en rapport avec ceux de l'Asie du Sud-Est. Les dirigeants de l'U.R.S.S., qui n'ont pas la possibilité matérielle d'intervenir activement au Vietnam, jugent, selon toute probabilité, qu'en poursuivant le bombardement du Nord-Vietnam les Américains violent les règles non écrites de la « coexistence pacifique ». Contraints de tolérer une « agression américaine » contre un État communiste, sans autre moyen de réplique que des fournitures d'armes, les hommes du Kremlin s'estiment en droit de manifester leur force et leur influence en un théâtre d'opérations plus favorable. La Méditerranée n'est pas un lac américain et les pays arabes les plus hostiles à l'Occident, pour n'être pas communistes, ont des intérêts communs avec l'Union soviétique.

Du même coup apparaissent les limites de ce que l'on appelait volontiers le rapprochement russo-américain. Peut-être ce rapprochement se serait-il confirmé en l'absence de la guerre du Vietnam. Pour l'instant, il ne va pas au-delà d'une volonté résolue de ne pas livrer de grande guerre. À cet égard, les analystes américains ont été de bons professeurs. Ils ont effectivement convaincu les dirigeants soviétiques que le recours aux armes nucléaires serait une catastrophe pour tous, donc une folie. Mais cet enseignement, s'il prévient le pire, ne va pas sans péril. Moins les chefs d'État craignent la grande guerre, plus ils se résignent à en livrer de petites. Peut-être le fait nouveau est-il précisément cette sorte de sécurité. Puisque la guerre nucléaire est « impossible », les autres formes de guerre redeviennent possibles. La dialectique élaborée en théorie — la stabilité au niveau nucléaire implique une instabilité accrue au niveau des armes classiques — reçoit malheureusement une confirmation pour ainsi dire expérimentale.

Nul ne peut dire, pour l'instant, jusqu'où le président Nasser et les dirigeants soviétiques sont prêts à aller. Que ceux-ci aient donné des assurances à celui-là ne paraît guère douteux, mais le président égyptien a peut-être donné aux propos de M. Gromyko une interprétation que ce dernier n'aurait pas lui-même acceptée. De plus, à partir du moment où les Grands promettent leur aide aux Petits et engagent leur prestige, ils cessent d'être entièrement maîtres du jeu. Les acteurs dits secondaires, qu'ils soient à Hanoï ou au Caire, peuvent entraîner les acteurs, dits principaux, vers des aventures.

En pareilles circonstances, les commentaires risquent d'être dépassés par l'événement avant d'être publiés. Au matin du 25 mai, la partie de poker est diplomatique. Israël n'acceptera pas la fermeture du golfe d'Akaba, et les États-Unis et la Grande-Bretagne, sur ce point, soutiennent sans réserves le gouvernement de Jérusalem. Le général de Gaulle ne s'est pas prononcé, se réservant, semble-t-il, pour une tâche de médiation.

Mais il faudrait un robuste optimisme pour croire que des négociations entre ambassadeurs ou ministres permettront de trouver une issue. Le président Nasser ne reviendra pas sur le minage du golfe d'Akaba sans avoir obtenu des compensations. Moscou, à moins qu'on ne lui offre quelque chose, n'a aucun motif de faire pression sur lui. En bref, ou bien une confrontation militaire entre Israël et les pays arabes, ou bien une confrontation stratégico-diplomatique entre l'Union soviétique et les États-Unis semble nécessaire à un règlement. La première est déjà inscrite sur le terrain où les armées mobilisées se font face, la seconde ne dépasse pas encore la phase verbale.

Avant 1914, les diplomates auraient presque désespéré d'une solution pacifique. Depuis vingt ans, ils se sont accoutumés à vivre dangereusement, à considérer les crises comme les substituts des guerres et à faire confiance à la sagesse (relative) des deux Grands.

En dépit de tout, les raisons de cet optimisme équivoque n'ont pas disparu.

L'heure de la décision[1]

Le président Nasser s'est assuré l'avantage de l'initiative. En provoquant le retrait des « Casques bleus » et en fermant le détroit d'Akaba, il lançait un défi à la fois aux États-Unis, qui s'étaient solennellement engagés à ne pas tolérer un blocus d'Elath, et à Israël, qui avait déclaré que ce blocus constituerait un *casus belli*. Il rejetait sur l'ennemi — Israël et ses protecteurs — la responsabilité éventuelle des hostilités. Ayant pris possession de l'enjeu même de la crise, il obligeait les autres à des actions militairement offensives, bien que celles-ci politiquement ne fussent que des répliques. Si l'agresseur est celui qui tire le premier coup de canon, l'opération égyptienne, favorisée par l'éclatante impéritie du secrétaire général de l'O.N.U., condamne Israël au rôle d'agresseur. Après ce premier acte, le déroulement du drame dépend avant tout de deux acteurs, et de deux seulement, les États-Unis et Israël.

En effet, les gouvernants de tous les États arabes, quels que soient leurs sentiments intimes, sont obligés de faire front commun contre l'ennemi absolu, celui auquel on refuse le droit à l'existence, Israël. Ce n'est que dans une phase ultérieure que les dissentiments possibles entre les deux camps arabes, celui des traditionnels et celui des progressistes, pourront apparaître.

La France, qui n'est plus l'alliée d'Israël depuis la fin de la guerre d'Algérie, a résolu énergiquement de ne pas prendre parti, tout en dissimulant son incapacité d'agir en lançant le projet de « concertation » entre les quatre « Grands ». Cette formule coutumière, qui répond à la philosophie préférée du général de Gaulle, est à coup sûr irréprochable, avec cette réserve qu'elle suppose un monde sans commune mesure avec celui d'aujourd'hui, le monde antérieur à 1914, dans lequel les grandes puissances, sans pour autant mettre un terme à leurs rivalités, parvenaient quelquefois à s'entendre pour imposer un règlement pacifique dans un conflit secondaire.

Il n'y a pas de concert mondial au sens où il y avait un concert européen. Union soviétique et États-Unis ont certains intérêts communs, mais ils n'en ont guère au Proche-Orient, mis à part évidemment le souci partagé de ne pas être entraînés dans des aventures par les passions des uns ou des autres. Il aurait fallu beaucoup d'ignorance ou de naïveté pour croire que l'Union soviétique, après avoir depuis des mois envoyé des centaines de chars d'assaut au Proche-Orient, ferait pression sur le président Nasser dans le sens souhaité par les dirigeants de Washington. Il va sans dire que le général de Gaulle ne se faisait aucune illusion, mais, ayant choisi d'être neutre, il laissait les événements suivre leur cours. Selon les cas, la diplomatie est action ou camouflage d'inaction.

Les États-Unis, et subsidiairement la Grande-Bretagne, hésitèrent, semble-t-il, entre deux politiques. Bien entendu, Américains et Britanniques rappelèrent les engagements pris à l'égard d'Israël et le principe de la liberté de navigation dans le golfe d'Akaba. Les paroles, en pareille circonstance, ne signifient rien ou peut-être, plus exactement, elles peuvent revêtir deux significations radicalement opposées. Elles annoncent ou bien la décision d'employer les moyens de force, ou bien l'acceptation temporaire du fait accompli, avec la vague promesse d'arracher par la négociation ce que l'on renonce à conquérir par les armes. M. Albert Sarraut, parlant au nom de la France en 1936, ne tolérait pas que Strasbourg « restât sous le feu des canons allemands » — ce qui voulait dire que les troupes françaises n'entreraient pas en Rhénanie. La première déclaration du président Johnson comportait la même équivoque. Le débarquement de trois mille fusiliers marins américains et anglais à Charm-el-Cheik pour prendre la place, à titre temporaire, des Casques Bleus aurait désamorcé la crise. La combinaison américaine de propos fermes et de passivité rejetait sur Israël la responsabilité majeure.

Jamais depuis 1948 les gouvernants d'Israël ne se sont trouvés en une conjoncture aussi tragique, jamais ils n'ont eu à prendre une décision aussi lourde de conséquences, aussi chargée de « sueur, de sang et de larmes ». Ils ne peuvent maintenir leur armée — 10 % de la population totale — mobilisée pendant des semaines, même pas pendant beaucoup de jours. Or ce que veulent l'Union soviétique, l'Égypte, la France, c'est qu'Israël se résigne à la fermeture provisoire du golfe d'Akaba et se prête aux procédures diplomatiques.

Mais pourquoi le président Nasser ferait-il des concessions après un succès diplomatique ? Pourquoi M. Kossyguine aiderait-il M. Johnson à tenir ses promesses ? De toute manière, la diplomatie soviétique marque des points en aggravant l'hostilité arabe à l'égard des États-Unis. Si ces derniers, protecteurs d'Israël, paraissent simultanément incapables de le protéger, le bénéfice devient double.

*

*   *

Voici donc les quelques hommes responsables de deux millions et demi de Juifs qui ont bâti l'État d'Israël face à leur destin et à leur conscience. Ils sont seuls. Par la voix du président Nasser, la menace d'extermination retentit de nouveau. Ce qui est en jeu ce n'est plus le golfe d'Akaba, c'est l'existence de l'État d'Israël, cet État que tous les pays arabes tiennent pour un corps étranger qu'il faudra tôt ou tard éliminer, cet État dont les citoyens ont juré qu'ils le défendraient jusqu'à la mort. Déclencher des opérations militaires aujourd'hui contre la coalition des États arabes, ce ne serait pas la répétition de la campagne du Sinaï. Les bombardiers égyptiens ne seraient pas détruits au sol par les appareils français et anglais. Peut-être des engins balistiques à moyenne portée fournis par les Soviétiques à l'Égypte frapperaient-ils Jérusalem et Tel-Aviv dès les premières heures du conflit. Même des combats victorieux ne résoudraient rien, ils donneraient seulement un répit comme celui des onze dernières années. En sens contraire, la capitulation préparerait pour un avenir proche une autre confrontation en des circonstances peut-être encore plus défavorables.

Tous ceux qui connaissent les gouvernants d'Israël pressentent l'aboutissement probable d'une pareille délibération.

Face à la tragédie[1]

Croyant ou incroyant, sioniste ou antisioniste, aucun Juif ne peut être objectif quand il y va d'Israël et des deux millions et demi de Juifs qui ont bâti un État sur une terre également sainte pour les fidèles des trois grandes religions du Livre.

Je suis ce que l'on appelle un « Juif assimilé ». Enfant, j'ai pleuré aux malheurs de la France à Waterloo ou à Sedan, non en écoutant le récit de la destruction du Temple. Aucun autre drapeau que le tricolore, aucun autre hymne que *la Marseillaise* ne mouillera jamais mes yeux. Hitler, il y a près de quarante ans maintenant, m'a révélé mon « judaïsme ». Je me suis efforcé, vaille que vaille, de l'assumer, ce qui a voulu dire simplement ne jamais le dissimuler. Être juif, à mes yeux, n'est ni infamant, ni glorieux, je n'en tire ni honte, ni fierté, je n'ai même pas le droit de mettre en accusation l'humanité ou, du moins, pas plus que n'importe quel homme de cœur, puisque j'ai survécu au grand massacre.

Depuis Hitler, j'ai toujours su que l'intérêt de la France ne coïnciderait pas toujours ou nécessairement avec celui des Juifs ou des Israéliens. Citoyen français, je me sentais spontanément responsable, pour une part infinitésimale, un quarante-cinq millionième, du destin de la France. Né dans une famille juive je me devais de ne pas renier l'appartenance à une communauté, lointaine et longtemps presque abstraite, la mienne, aussi longtemps que la cruauté ou les passions des hommes l'exposeraient aux persécutions.

J'avais vécu en Allemagne entre 1931 et 1933, je n'avais guère d'illusions sur le sort qui guettait la France, mais j'hésitais à parler.

Trop souvent, des amis, étrangers à l'antisémitisme, me regardaient avec un soupçon mal dissimulé, quand je leur annonçais l'avenir qui les attendait, eux autant que moi. Je me suis donc tu. Au reste une thèse sur la philosophie de l'histoire prenait tout mon temps : puisque Hitler allait faire la guerre, il me fallait l'achever le plus tôt possible (je l'ai soutenue en mars 1938, deux jours après l'entrée des troupes allemandes en Autriche).

Au lendemain de la guerre, la situation s'est inversée. Dès la fin du conflit, j'ai pu écrire en faveur de la réconciliation avec l'Allemagne sans devenir suspect, à un moment où l'indignation, si discrète quand elle aurait pu être efficace, se donnait libre cours. (Quel écrivain se décidera, un jour, à traiter du cas de Roosevelt et de Churchill qui, tout autant que Pie XII, auraient pu parler et dont la parole, plus que celle de Pie XII, aurait peut-être sauvé des millions de vies ?).

Depuis vingt ans, depuis que les hasards de l'existence m'ont fait entrer dans cette maison, je n'ai pas connu de contradiction entre mon devoir de Français et mes obligations morales de Juif. L'antisémitisme de fait, sinon de droit, apparaissait de l'autre côté du rideau de fer. L'intérêt de la France, à mes yeux, était servi par la construction de l'Europe unie, par l'alliance atlantique. La décolonisation divisait les Français, mais les Juifs, à cet égard, partageaient le sort de tous les Français.

Ce n'est pas en tant que juif que j'ai pris position en faveur de l'indépendance algérienne. Certes, cette indépendance, telle qu'elle est intervenue, a comporté son poids d'injustices et celles-ci n'ont pas épargné les Juifs d'Afrique du Nord, ils ont été atteints plus que les autres. À tort ou à raison, il m'a semblé que la moindre injustice et l'intérêt de la France coïncidaient. Pierre Brisson me reprochait, en 1956, mon hostilité à l'expédition de Suez : je lui répondais que j'étais citoyen français et qu'au reste, il ne me semblait pas plus conforme à l'intérêt français d'être en guerre avec le monde arabe tout entier que conforme à l'intérêt d'Israël de se lier à la dernière bataille de l'Empire français.

L'alliance de la France et d'Israël — je l'ai écrit dans le *Figaro Littéraire*, il y a quelques années, au grand scandale de beaucoup — n'était pas fondée pour mille ans. Une fois l'Algérie indépendante, le général de Gaulle — et n'importe quel autre chef d'État ou de gouvernement à sa place en aurait fait autant — a repris des relations avec tous les pays du Proche-Orient, il a tenté de rendre à la France des positions intellectuelles, morales, économiques, qu'elle y avait occupées. Quand la crise a éclaté, il y a quelques jours, il s'est abstenu de choisir entre les parties en présence. Radio et télévision, tout en affectant la neutralité, ont soutenu hypocritement les thèses égyptiennes. Des gaullistes ont été déçus, des juifs indignés, des juifs gaullistes bouleversés. Les uns et les autres ont tort. Nous avons le droit de juger l'ensemble de la diplomatie gaulliste conforme ou contraire au véritable intérêt de la France, mais, si, selon une formule fameuse la France n'a ni amis ni ennemis, seulement des intérêts, de quel droit protester en cette occasion ?

Il y a des centaines de millions de Musulmans à travers le monde, des dizaines de millions d'Arabes : il n'y a que deux millions et demi d'Israéliens. De toute manière, la France n'a aucun moyen d'action au Proche-Orient. En choisissant les armes atomiques aux dépens des armes classiques, elle a choisi, en fait, une diplomatie de neutralité ou, si l'on préfère, de bonnes relations avec tous les États. Cette neutralité s'exprime en un langage antiaméricain, non pas, comme on le dit inconsidérément, parce que le général de Gaulle n'a jamais pardonné aux Américains de l'avoir dédaigné, il y a vingt ans, mais parce qu'il obtient d'eux gratuitement tout ce qu'il pourrait leur demander. La présence militaire américaine en Europe, l'alliance atlantique et l'OTAN, il ne dépend pas des États-Unis d'en priver la France. Aussi la France a-t-elle la liberté de prodiguer sourires et encouragements à tous les ennemis des États-Unis. En se désolidarisant de ses alliés atlantiques, la France échappe à l'opprobre qui s'attache à « l'impérialisme américain » ou même à « l'impérialisme occidental ». Encore une fois, je ne juge pas les mérites ultimes, le coût et le profit d'une telle diplomatie, mais, une fois celle-ci admise, pourquoi le général de Gaulle s'aliénerait-il le Président Nasser en recommandant l'ouverture du golfe d'Akaba ?

De deux choses l'une : ou bien les États-Unis manqueront à l'engagement solennel qu'ils ont pris en 1957 à l'égard du gouvernement de Jérusalem et ils perdront la face : le général de Gaulle le déplorerait-il ? Ou bien les États-Unis, par une action mêlée de diplomatie et de force, rétabliront la liberté de navigation et parviendront à une sorte de compromis : le général de Gaulle en aura peut-être, pour une part, le mérite. De toute manière, il demeure un médiateur possible. Il peut plaider qu'il rend plus de services même à Israël en se refusant à prendre partie (en dépit de la tristesse indignée des Israéliens, trop passionnés pour saisir les subtilités du jeu). Encore une fois, je me refuse à juger.

Un État de deuxième ordre a-t-il avantage à faire cavalier seul ? La France a-t-elle intérêt à ne plus jamais consentir à des actions communes avec les Anglo-Saxons ? À faire confiance aux intentions pacifiques de l'Union soviétique, à l'amitié du Tiers Monde ? Ce n'est pas à l'occasion de la crise du Moyen-Orient qu'un Juif français répondra sereinement à de telles interrogations.

*
* *

Laissons les cas de conscience. Redevenons ce que, d'ordinaire, nous cherchons à être : l'observateur qui voudrait comprendre et aider à comprendre.

D'une certaine manière, la crise du Proche-Orient est permanente. Les pays arabes n'ont jamais accepté l'existence de l'État d'Israël. Depuis vingt ans, celui-ci vit comme une place assiégée. Peuple tout entier en armes : l'armée est le peuple et le peuple l'armée. Puisque leurs pères et leurs mères ont été conduits aux chambres à gaz avec la complicité des uns et au milieu de l'indifférence des autres, puisqu'il se trouve aujourd'hui des inconscients ou des pharisiens pour accuser les victimes de ne pas s'être défendues, eux, les Israéliens, s'ils doivent mourir, ils mourront les armes à la main.

Pourquoi la crise endémique a-t-elle pris soudain un caractère explosif ? Soyons honnêtes et distinguons les faits connus et les spéculations vraisemblables. Faits connus : le Président Nasser, incapable de mettre fin à la guerre du Yémen, incapable de payer les intérêts des emprunts contractés au dehors, incapable d'obtenir des États-Unis une aide alimentaire pour nourrir la population, se trouvait, pour ainsi dire, acculé à un coup d'éclat. Plusieurs fois, au cours de ces dernières années, il avait conseillé la modération aux autres chefs d'État : le combat final, avait-il proclamé, celui qui rayerait l'État d'Israël de la carte, il fallait y songer toujours, mais à quoi bon l'évoquer aussi longtemps que l'on ne disposait pas de la supériorité ? L'an dernier encore, j'exposais à des Israéliens les raisons d'optimisme à court terme : pourquoi l'explosion se produirait-elle alors que les pays arabes étaient divisés, la force de l'armée israélienne et l'affaiblissement de l'armée égyptienne évidentes. Je me suis trompé et mes interlocuteurs péchaient aussi par optimisme. Pour restaurer un minimum d'unité entre les pays arabes le Président Nasser a été pour ainsi dire contraint à cette partie de poker. L'excès même des conflits entre Arabes a poussé l'Égypte à les unir tous contre l'ennemi commun, l'ennemi absolu, celui dont le droit même à l'être n'est pas reconnu.

Faits établis également : les envois d'armes soviétiques à tous les pays arabes, depuis la mer Rouge jusqu'au Maghreb. Pourquoi tant de chars à l'Irak, à l'Égypte, à l'Algérie même ? À ces interrogations, des réponses multiples mais non pas contradictoires s'offrent d'elles-mêmes.

Depuis la crise cubaine de la fin de 1962, la détente s'est accentuée en Europe, la domination russe sur les pays socialistes de l'Est relâchée ; la Roumanie a marqué son indépendance ; de l'autre côté, la France est sortie de l'OTAN. L'Union soviétique ne peut plus ouvrir un front de guerre froide sur le Vieux Continent, ses alliés n'y consentiraient pas et le résultat probable serait une restauration de l'alliance atlantique.

L'Union soviétique devait-elle, en tout état de cause, ouvrir un autre front et, après l'échec cubain et l'échec berlinois, chercher l'occasion d'une revanche ? Je n'en suis pas sûr. La guerre du Vietnam, selon toute probabilité, est une des causes de la menace de guerre qui pèse aujourd'hui sur le Proche-Orient. Mais, de toute manière, deux évolutions, l'une militaire, l'autre diplomatique se dessinaient au cours des dernières années, évolutions qui l'une et l'autre aboutissent aux événements actuels.

Les dirigeants soviétiques ont finalement adhéré aux conceptions stratégiques des dirigeants américains. Ils ont compris que les armes nucléaires et thermo-nucléaires n'ont qu'une influence indirecte sur les relations interétatiques. Bien entendu, la capacité de réplique nucléaire met l'Union soviétique à l'abri de toute attaque dirigée contre son territoire, mais elle ne permet ni d'installer des engins balistiques à Cuba, ni d'interdire le bombardement du Vietnam du Nord. Précisément parce que l'emploi de ces armes monstrueuses est difficilement concevable en dehors de situations extrêmes, « la diplomatie de papa » continue. Diplomatie *as usual*, diraient les Anglais. Ni les quarante et un sous-marins atomiques, ni les centaines de *minutemen* ne servent d'instruments essentiels à l'action américaine. Ils assurent les conditions nécessaires à cette action, mais ce sont la VIe Flotte en Méditerranée, la VIIe Flotte en Extrême-Orient qui permettent de maintenir la paix ou de faire la guerre. Les Soviétiques l'ont, à leur tour, compris et les successeurs de M. Khrouchtchev ont renforcé les moyens militaires classiques de leur pays, en particulier la marine. Sous-marins et vaisseaux de surface soviétiques montrent le pavillon avec une fréquence accrue en Extrême-Orient et en Méditerranée.

*
*   *

Simultanément, l'Union soviétique, qui ne pouvait rivaliser avec la Chine de Mao en verbalisme révolutionnaire ni reprendre à l'intérieur les méthodes d'un stalinisme primitif, devait être tentée par une troisième voie, celle d'une expansion vers les objectifs traditionnels des ambitions de l'État russe, d'autant plus que cette troisième voie lui offrait du même coup la chance de « rameuter » les pays dits sous-développés ou socialistes. Depuis New Delhi jusqu'à La Havane, tous se déclarent pro-égyptiens et anti-israéliens.

Que le Président Nasser veuille ouvertement détruire un État membre des Nations Unies ne trouble pas la conscience délicate de Mme Nehru. « Étatcide », bien sûr, n'est pas génocide. Et les Juifs français qui ont donné leur âme à tous les révolutionnaires noirs, bruns ou jaunes, hurlent maintenant de douleur pendant que leurs amis hurlent à la mort. Je souffre comme eux, avec eux, quoi qu'ils aient dit ou fait, non parce que nous sommes devenus sionistes ou israéliens, mais parce que monte en nous un sentiment irrésistible de solidarité. Peu importe d'où il vient. Si les grandes puissances, selon le calcul froid de leurs intérêts, laissent détruire le petit État qui n'est pas le mien, ce crime, modeste à l'échelle du nombre, m'enlèverait la force de vivre et je crois que des millions et des millions d'hommes auraient honte de l'humanité.

Reprenons le langage de l'analyste. Souhaitons qu'il ne soit pas question, pour l'instant, de ce que Hitler appelait la solution finale et de ce que le Président égyptien appelle la bataille décisive.

Le premier round a eu lieu et le Président Nasser l'a gagné. Engagés au Vietnam dans une guerre qu'ils ne parviennent ni à gagner ni à perdre et dont le devoir de sauvegarder la valeur de leur engagement, représente la meilleure sinon la seule justification, les États-Unis ont été pris au dépourvu par la soudaineté des démarches des uns et des autres, U Thant a cédé aux injonctions de Nasser plus vite que celui-ci ne l'avait pensé et peut-être même souhaité. Le Président Johnson n'a pas eu l'intelligence de prévenir, par un message symbolique, le blocus du golfe d'Akaba. La passivité générale, pendant les quatre jours décisifs, a rallié au vainqueur apparent ses ennemis mêmes. Pour se sauver, les chefs d'État arabes se sont joints à l'entreprise dirigée contre eux tout autant que contre Israël. Celui-ci qui, il y a deux semaines encore, menaçait de se faire justice lui-même si les fedayins poursuivaient leurs incursions, vit désormais entouré d'ennemis momentanément rassemblés.

À quoi bon se demander maintenant si l'Union soviétique a déclenché l'opération ou si elle l'a seulement permise, si U Thant par son impéritie, Johnson par son indécision à l'heure du choix l'a précipité ? Le 4 juin 1967, les armées d'Israël et des pays arabes se font face dans le désert, prêtes à en découdre, de même que l'Union soviétique et les États-Unis s'opposent sur le terrain diplomatique, résolus à ne pas s'entre-détruire, mais non à s'entendre.

*
* *

L'article précédent, écrit le 4 juin, a été publié dans le numéro du *Figaro Littéraire* du 12 juin. Il était précédé de la note suivante, rédigée le jeudi 8.

J'ai écrit l'article précédent le 4 juin dans la matinée, incapable de choisir entre le langage de la confession et celui de l'analyse. Il est « dépassé », comme on dit, au moment où j'écris ce post-scriptum, il le sera plus encore au moment où il paraîtra, après la fin des hostilités, alors que les troupes israéliennes, maîtresses du terrain, auront rendu la parole aux diplomates.

Il est trop tard pour écrire un autre article, trop tôt pour tirer la leçon des événements. Puisque mes amis du Littéraire jugent que cette méditation d'un Français juif garde une signification par-delà les circonstances qui l'ont suscitée, je la laisse telle que je l'ai écrite, dans l'angoisse et aussi dans la conscience de contradictions qu'il ne dépend pas de moi de surmonter.

Un seul mot pour finir. Israël pouvait être vaincu et la défaite eût été totale. Si, selon les vantardises de la propagande, Syriens, Jordaniens et Égyptiens s'étaient retrouvés à Tel-Aviv, l'État d'Israël n'aurait pas survécu, même si des vies israéliennes avaient été sauvées. Israël n'a pas vaincu les États arabes, il a remporté, par une opération-éclair, un succès militaire, politiquement non décisif. L'étau qui se refermait sur le petit pays, a été brisé, le Président Nasser a perdu la face, les Égyptiens ne savent pas encore se servir des chars et des avions modernes que l'Union soviétique leur avait fournis.

Plus que jamais aujourd'hui gardons la tête froide. Le seul but, ce n'est pas la victoire, c'est la paix. Israël ne vivra en paix que le jour où il sera accepté par les Arabes, qui, demain comme hier, demeureront ses voisins, plus nombreux que les Israéliens et, en un avenir plus ou moins lointain, capables, eux aussi, de maîtriser la technique. Adjurons les grandes puissances d'utiliser le répit pour chercher, enfin, les moyens de faire la paix en une région du monde où, depuis vingt ans, ne subsiste qu'un armistice belliqueux.

Un souvenir me hante : Paul Desjardins, après la Première Guerre mondiale, avait écrit une préface qui se terminait par cette phrase : « Ainsi il aura fallu que ces enfants et que nos enfants meurent pour que nous sachions qu'ils se seraient compris ».

Combien de temps faudra-t-il pour que Juifs et musulmans, Israéliens et Arabes, qui croient au même Dieu, parviennent à se comprendre ?

Comment la guerre est devenue inévitable[1]

Les historiens n'ont pas encore réussi, au bout d'un demi-siècle, à s'entendre sur les responsabilités exactes des uns et des autres aux origines de la Première Guerre mondiale. Il serait outrecuidant, alors que retentit le fracas des batailles, de prétendre au rôle de juge. Entreprise d'autant plus vaine que les archives sont encore closes, les acteurs vivants et que les hypothèses, vraisemblables mais non démontrables, s'offrent à l'esprit de tous.

Malgré ces réserves, les grandes lignes du drame se dessinent d'elles-mêmes. Il suffit pour les retracer de prendre la collection des journaux au cours des derniers mois. Avant 1967 comme avant 1956, les armes soviétiques affluent vers le Proche-Orient. Cette fois, elles vont même jusqu'au Maghreb. L'Union Soviétique, grande puissance, même si l'on ignore la guerre du Vietnam, est en droit de s'intéresser à cette région du monde qui a cessé d'être une chasse gardée des Occidentaux. Aussi bien, n'importe quelle Russie, celle des tsars comme celle de Lénine, s'efforce de déboucher sur les mers chaudes et d'étendre son influence sur les pays riverains de la Méditerranée orientale.

Avant 1967 comme avant 1956, les relations entre la République arabe unie et les États-Unis se sont dégradées. John Foster Dulles avait refusé de financer la construction du barrage d'Assouan. Les représentants américains, récemment, avaient mis des conditions que le président Nasser n'avaient pas acceptées, à la continuation des envois de surplus agricoles. Une fois de plus, la République arabe unie était économiquement à bout de souffle, incapable de payer ses dettes, de financer les investissements nécessaires au développement économique. Jamais les États arabes ne s'étaient autant querellés, une fraction importante de l'armée égyptienne s'enlisait au Yémen en une guerre interminable contre les tribus royalistes et, indirectement, contre l'Arabie séoudite.

Le coup d'État militaire en Grèce, les menaces du général israélien Rabin contre la Syrie firent-ils craindre au président Nasser une conspiration américaine dont il serait la prochaine victime ? M. Gromyko lui fit-il en mars des promesses ? Laissons sans réponse ces interrogations. Pour retrouver son prestige de chef, pour refaire l'unité des États arabes, le président Nasser avait à sa disposition une arme, toujours la même et peut-être la seule : agir contre Israël.

Depuis onze ans, il avait toléré des contingents de Casques bleus dans la zone de Gaza et à Charm el Cheikh. Ces soldats des Nations Unies maintenaient le calme à une frontière, ils symbolisaient la liberté de navigation dans le golfe d'Akaba. Ils permettaient au Président égyptien de tolérer depuis onze ans la suspension du terrorisme et l'ouverture d'Elath — seul profit durable qu'Israël avait tiré de sa victoire du Sinaï.

À ce moment, un homme prit une décision qui apparut insensée et qui rétrospectivement apparaît fatale : sans consulter ni le Conseil de sécurité ni l'Assemblée générale des Nations Unies, U Thant obtempéra aux injonctions du président Nasser, qui peut-être n'en demandait pas tant.

Le secrétaire général des Nations Unies a peut-être agi conformément à la légalité. Les Casques bleus, qui n'étaient stationnés que l'un des deux côtés de la frontière, ne pouvaient rester sur le territoire d'un État sans le consentement de celui-ci.

Mais n'importe quel homme doué d'un minimum de sens politique aurait compris qu'au-delà de la légalité le sort de la paix était en jeu. U Thant devait accéder en principe à la demande du président Nasser, il aurait pu gagner du temps, mobiliser l'opinion mondiale contre le danger qui éclatait aux yeux de tous, sauf aux siens. Aujourd'hui encore, rien ne prouve que le Président Nasser n'aurait pas accepté d'être « retenu ».

*

*   *

La rapidité même de ce premier succès incita le joueur à un deuxième coup de poker. Il subsistait une dernière trace de la défaite de 1956 : le port d'Elath ouvert à la navigation, par lequel Israël recevait son essence et exportait ses produits vers l'Extrême-Orient. Dans les vingt-quatre heures qui suivirent le départ des Casques bleus, le blocus du golfe d'Akaba était proclamé en termes qui laissaient encore place à l'interprétation. J.-F. Dulles avait donné des assurances formelles à Israël en 1957, ces assurances n'engageaient pas les Nations Unies. Pendant quarante-huit heures, le destin hésita. Il incombait au président Johnson d'honorer les engagements pris dix ans plus tôt par un président des États-Unis ou, pour mieux dire, il devait par la solennité de ses déclarations, par l'éloquence de ses messages publics ou secrets, ne pas laisser au Caire et à Moscou de doute sur sa résolution. Le président américain, accablé par le poids d'une guerre interminable en Extrême-Orient, soupçonnant à juste titre l'influence soviétique derrière le défi égyptien, promit une aide diplomatique avec tant d'hésitation qu'il provoqua des deux côtés les réactions en chaîne qui aboutissaient infailliblement à l'explosion.

En quelques jours, le président Nasser était redevenu le héros, le vainqueur, celui qui rendrait aux Palestiniens leur terre et aux Arabes leur honneur. Tous les souverains, Hussein, Fayçal, quels que fussent leurs sentiments intimes, se laissaient entraîner par la vague d'enthousiasme qui déferlait. Patriotisme ou intérêt, peu importe. Les ennemis d'hier s'embrassaient, unis contre un ennemi commun et par une ferveur sincère.

Les Arabes étaient animés par l'espoir, les Israéliens, abandonnés de tous, par l'ardeur farouche du désespoir. Quitte à mourir, ils tomberaient les armes à la main. Nasser ne pouvait plus reculer :

l'heure de la bataille décisive avait sonné. Israël ne pouvait plus attendre : le golfe d'Akaba était fermé, les troupes irakiennes entraient en Jordanie.

Le président Nasser avait rendu la guerre possible, U Thant et le président Johnson l'avaient rendue inévitable[2].

*

* *

Israël lutte pour son existence, mais des succès militaires ne lui donneraient qu'un répit. Demain, aussi bien qu'hier, il sera entouré d'États arabes. D'accord pour ne pas s'entre-détruire, les deux Grands sont incapables de s'accorder. Et pourtant, le seul espoir, à Jérusalem comme à Hanoï, demeure le dialogue raisonnable des Grands.

Les ironies tragiques de l'histoire[1]

Les hommes font leur histoire, mais ils ne savent pas l'histoire qu'ils font : la crise du Moyen-Orient, dont le deuxième acte s'achève (le troisième sera diplomatique), illustre, une fois de plus, cette formule banale. Oui, les principaux acteurs ont pris leurs décisions en pesant chances et risques, mais, ensemble, ils ont abouti à des résultats qui ne répondent aux objectifs d'aucun d'eux, peut-être même pas aux objectifs des dirigeants israéliens.

En ce qui concerne le déroulement de la crise, il subsiste évidemment des zones d'ombre. On ne sait pas ce que M. Gromyko a dit au président Nasser en mars dernier. On ne sait pas quelle signification il convenait d'accorder aux menaces proférées par le général Rabin contre la Syrie. On ne sait pas si, comme il l'affirme, le Président égyptien craignait réellement une attaque israélienne contre la Syrie. Mais, au-delà de ces incertitudes, les faits majeurs ne prêtent pas au doute.

Le président Nasser n'ignorait pas, d'après ses propos mêmes, qu'en décrétant la fermeture à la navigation du golfe d'Akaba, en massant ses troupes dans le Sinaï, en concluant une alliance avec la Jordanie, en incitant des contingents irakiens à se joindre aux troupes jordaniennes, il défiait Israël. Les dirigeants de ce pays avaient dit et répété que le blocus d'Elath ou l'entrée des troupes irakiennes en Jordanie constitueraient un *casus belli*. Comme les États arabes n'ont pas reconnu l'État d'Israël et que l'Égypte invoque l'état de guerre pour interdire aux vaisseaux israéliens le canal de Suez, le droit international est pour ainsi dire exclu du débat.

Pour reprendre le langage des philosophes, Israël et ses voisins vivent dans l'état de nature où règnent la force et la ruse. Égypte et Israël invoquaient également le principe formulé par Montesquieu : « Entre les sociétés, le droit de la défense naturelle entraîne quelquefois la nécessité d'attaquer lorsqu'un peuple voit qu'une plus longue paix en mettrait un autre en état de le détruire et que l'attaque est, dans ce moment, le seul moyen d'empêcher cette destruction. »

Israël, il est vrai, pourrait citer les lignes suivantes de *L'Esprit des lois* : « Les petites sociétés ont plus souvent le droit de faire la guerre que les grandes, parce qu'elles sont plus souvent dans le cas d'être détruites. » Mais, là encore, chacun tirera dans son sens : le produit national de deux millions et demi d'Israéliens est presque aussi élevé que celui de trente millions d'Égyptiens ; le produit par tête est presque dix fois plus élevé en Israël qu'en Égypte.

La nature du champ de bataille assurait un avantage énorme à celui qui frapperait le premier. Le 26 mai, Union soviétique et États-Unis ont fait pression sur le président Nasser pour qu'il ne prenne pas l'initiative de la guerre. Les deux Grands ont agi, en cette occasion, comme ils ont l'habitude de le faire, c'est-à-dire que, résolus à ne pas s'affronter directement, ils ne renoncent pas à leur rivalité par Petits interposés. Mais l'un au moins des deux Grands, l'Union Soviétique avait raison de « retenir » l'Égypte, faute d'avoir, en cas d'hostilités, les moyens de lui apporter une aide militaire ; encore devait-il se demander d'abord si les États-Unis, de leur côté, voudraient ou pourraient « retenir » Israël, ensuite, quelle serait l'issue des batailles, dans l'hypothèse où Israël ne se laisserait pas « retenir ».

Le président Johnson comme le président de Gaulle, chacun en son style, se donnèrent pour but explicite de « retenir » Israël. Mais ils le firent de manière telle qu'ils provoquèrent infailliblement ce qu'ils voulaient — à les prendre au mot — éviter. Le Président français oublia les engagements contractés à l'égard d'Israël par les gouvernements de la IVe République en 1957 ; il ne soutint pas même en paroles la thèse israélienne sur l'ouverture du golfe d'Akaba. Il alla même beaucoup plus loin encore puisqu'il menaça clairement de tenir pour agresseur celui qui tirerait le premier, sachant bien qu'Israël risquait de signer son arrêt de mort en acceptant une défaite diplomatique et en laissant l'initiative aux États arabes.

Le président Johnson se déclara en faveur de la thèse israélienne sur le golfe d'Akaba, mais il commit, lui aussi, une erreur de calcul (à supposer que son but ait été d'empêcher la guerre). Il agit comme si la promesse d'une action diplomatique suffirait à Israël, comme si les armées, déjà ennemies, massées des deux côtés de la ligne de démarcation, pouvaient rester des jours ou des semaines face à face. En revanche, M. Harold Wilson semble avoir eu l'intuition juste : seule une action militaire immédiate dans le détroit d'Akaba aurait désamorcé la bombe dont l'explosion vient de ravager la Terre sainte.

Le président Johnson aussi bien que le président de Gaulle n'en ont pas moins, rétrospectivement, le moyen de se justifier. Le premier, dira-t-on, connaissait la supériorité des armes israéliennes. En n'intervenant pas, il empêchait une intervention militaire de l'Union Soviétique, il permettait donc à Israël de remporter une victoire qui serait, en même temps qu'une victoire israélienne, une victoire américaine ou, du moins, une défaite soviétique. Si l'on prête au Président américain ce genre de calcul, la politique américaine apparaît machiavéliquement admirable.

Quant au Président français, si son but véritable a été, comme d'ordinaire, de prendre ses distances à l'égard de ce que l'on appelle couramment l'Occident, s'il était soucieux avant tout que la France ne fût pas confondue avec « l'impérialisme américain » ou « anglo-saxon », il a, malgré tout, gagné. En dépit d'une opinion française massivement pro-israélienne, il a mérité les compliments du président Nasser et les acclamations des foules arabes. Les *Mirage*, fabriqués en France, pilotés par des Israéliens, ont détruit les *Mig*, fabriqués en U.R.S.S. et pilotés par des Égyptiens, cependant que la politique française, durant la crise, a été constamment plus proche de la ligne soviétique que de la ligne américaine. La plupart des Français, à en juger par les sondages, n'en ont pas eu conscience. Cependant, M. Pompidou se trompe quand il affirme que le gouvernement français n'a pas perdu la confiance de celui de Jérusalem. Une telle affirmation ne serait plausible qu'à la condition d'admettre que l'action de la France, en période de crise aiguë, de toute manière, ne tire pas à conséquence.

Parmi les acteurs du drame, il en est deux qui doivent avouer leur erreur de calcul : l'Union Soviétique, contrainte le 6 juin d'accepter un cessez-le-feu sans conditions, bien loin d'embarrasser les États-Unis, a subi un désastre diplomatique, égal à celui de la crise cubaine. Quant au président Nasser, après avoir sagement, des années durant, invité à la prudence et à la patience ses frères arabes, il a subitement surestimé ses forces et perdu une partie.

*
* *

La victoire militaire a sauvé Israël, mais la seule victoire authentique serait la paix. « Du sang, de la sueur et des larmes », est-ce que sortira, cette fois, autre chose que la haine, encore avivée par l'humiliation ?

Espérons-le contre toute espérance.

Crise locale ou crise mondiale ?[1]

Les événements de ces dernières semaines au Moyen-Orient auront des conséquences si graves et si durables qu'il est indispensable d'analyser avec autant de rigueur que possible la conduite de tous les acteurs, grands et petits.

Une des interprétations les plus courantes est celle de « la connivence russo-américaine ». J'ai entendu l'expression plusieurs fois dans la bouche des commentateurs des postes périphériques et M. André Fontaine, dans *Le Monde*, s'est efforcé de démontrer que la crise du Moyen-Orient n'est pas un épisode nouveau de la guerre froide. Or, ces formules me semblent dangereuses parce qu'elles comportent une demi-vérité.

Il est légitime d'évoquer « la connivence russo-américaine » dans les débats sur la non-prolifération des armes atomiques parce que les deux Grands ont, en cette occasion, un intérêt commun et visent un même objectif. Au Moyen-Orient, il en va tout autrement. La prétendue « connivence » se limite à la résolution de ne pas se combattre directement. Cette résolution commune incita Soviétiques et Américains à donner des conseils de modération au président Nasser, elle incita aussi les Américains à donner les mêmes conseils aux Israéliens, mais elle n'a pas empêché les Soviétiques d'expédier aux États arabes des quantités croissantes d'armes, elle ne les a pas empêchés non plus d'aggraver l'effet des propos du général Rabin en annonçant des concentrations de forces israéliennes aux frontières de Syrie, concentrations que ne constatèrent pas les observateurs des Nations Unies.

Dans la période actuelle, l'Union soviétique ne cherche pas à répandre, au moins en une première phase, ses idées et son régime et, si l'on attribue à la guerre froide un caractère essentiellement idéologique, on n'aperçoit plus de lien entre la crise locale et la politique mondiale. Mais la guerre froide, depuis 1947, a toujours été, en même temps qu'idéologique, une rivalité entre grandes puissances. Or, cette rivalité, moins idéologique qu'il y a quinze ans (disons que l'idéologie apparaît de plus en plus comme un instrument de la diplomatie) n'a pas disparu pour autant, elle subsiste assez pour interdire aux deux Grands une action conjointe visant à stabiliser la conjoncture régionale. La vérité plus complexe et plus angoissante, c'est que les relations équivoques entre Union soviétique et États-Unis paralysent tout règlement par la force ou par la diplomatie. Elles vont le paralyser plus encore demain puisque l'Union soviétique, pour faire oublier aux Arabes qu'elle n'était pas prête à se battre pour eux, témoignera aux Nations Unies, en paroles, d'une ardeur d'autant plus martiale.

Il est vrai, en même temps, que les décisions qui ont provoqué l'explosion, celles du président Nasser d'abord, celles du gouvernement israélien ensuite, ont été prises par les acteurs locaux contre les conseils de leurs protecteurs respectifs. L'Union Soviétique et les États-Unis craignaient également la conflagration, celle-là parce qu'elle n'avait pas les moyens d'intervenir militairement, ceux-ci parce qu'ils ne voulaient pas s'aliéner définitivement le monde arabe.

Les Grands ne sont pas maîtres des événements. Nasser a lancé un défi trop agressif pour le goût des uns, le gouvernement israélien a relevé le défi égyptien trop brutalement pour le goût des autres. Même en l'absence des Grands, Arabes et Israéliens auraient peine à coexister pacifiquement, mais le désir d'influence que manifeste l'U.R.S.S., les envois d'armes, le soutien que les uns apportent aux thèses israéliennes ajoutent une dimension supplémentaire au conflit local.

Là encore, toute interprétation unilatérale est fausse : les deux représentations simplifiées — ou bien les Grands manipulant les

Petits comme des marionnettes, ou bien les Petits se battant jusqu'à la mort en dépit de la sagesse des Grands — s'écartent également de la vérité. J'en demande pardon aux lecteurs : c'est la réalité elle-même qui, par sa complexité, défie les formules grossières.

Les rapports entre Petits et Grands, tels qu'ils sont apparus au cours de ces semaines tragiques, vont, eux aussi, être scrutés avec une attention inquiète par les commentateurs des autres États. Pour m'exprimer, cette fois, sans subtilité, disons qu'Arabes et Israéliens ont eu, les uns comme les autres, le sentiment d'être trahis.

John Foster Dulles avait solennellement promis, au moment de l'évacuation de Charm El Cheik, en 1957, que les États-Unis ne toléreraient pas un nouveau blocus d'Elath. Le président Johnson n'a honoré la promesse de son prédécesseur qu'en paroles. Le gouvernement israélien en tire une leçon de scepticisme sur la valeur des alliances et des engagements. Les dirigeants de l'Union soviétique, le 6 juin, ayant le choix entre une intervention ouverte ou une victoire israélienne, ont préféré le deuxième terme de l'alternative. D'un côté comme de l'autre, on sera enclin à compter davantage sur soi et moins sur les autres.

*

*   *

En dehors du Moyen-Orient, les États non nucléaires, à tort ou à raison, ne seront-ils pas amenés à s'interroger sur les conditions de leur sécurité ? Certes, il subsiste une différence radicale entre l'engagement américain à l'égard de l'Europe et du Japon d'une part, à l'égard d'Israël d'autre part. Dans les deux premiers cas, l'engagement est symbolisé par la présence physique des troupes américaines. Une section de fantassins américains aurait préservé Charm El Cheik.

Si l'on admet cette interprétation, on conclura que, à l'âge nucléaire, seule la présence physique assure l'efficacité de la dissuasion en prévenant les faits accomplis. Faudra-t-il donc que les Grands dispersent des contingents à travers le monde pour inspirer confiance dans leurs paroles ? Ou, perspective plus sombre encore, les États non nucléaires, écartant les subtilités, chercheront-ils la sécurité dans l'acquisition d'armes nucléaires ? Par exemple, comment l'Inde va-t-elle réagir à la bombe thermo-nucléaire chinoise ?

Dans l'une et l'autre hypothèse, les leçons de la troisième guerre du Moyen-Orient risquent fort d'aggraver la grande peur de l'humanité.

D'un conseil des ministres à l'autre[1]

Le 24 mai, pendant la première phase de la crise du Moyen-Orient, le général de Gaulle proposa aux « grandes puissances » directement intéressées au conflit de « se concerter ». Ainsi, avant 1914, les « grandes puissances » s'efforçaient d'imposer un arbitrage afin d'éviter le pire. Le président des États-Unis, qui ne savait trop quoi faire, se hâta d'accepter la proposition française, évidemment écartée par les dirigeants de l'Union Soviétique. Ceux-ci, selon toute probabilité, ne souhaitaient pas l'ouverture des hostilités, mais, ayant, de multiples manières, encouragé le président Nasser, ils ne pouvaient se prêter à une collusion apparente avec « les impérialistes » au moment même où ils espéraient un succès diplomatique de leurs protégés arabes.

La formule de la « concertation entre grandes puissances » appartient à la tradition diplomatique. Union soviétique, Grande-Bretagne, France, États-Unis ont, à coup sûr, un trait commun : la possession d'armes atomiques. Si la Chine populaire occupait le cinquième siège permanent au Conseil de sécurité, les cinq membres du Club atomique seraient en même temps les cinq membres permanents du Conseil de sécurité. Il faudrait cependant un optimisme extrême ou un aveuglement volontaire pour mettre France et Grande-Bretagne dans la même catégorie qu'Union soviétique et États-Unis. L'auteur du *Fil de l'épée* est le dernier qui puisse se faire des illusions à ce sujet et s'imaginer que le verbe remplace l'action ou que le prestige moral tient lieu de moyens matériels.

S'il s'agissait de l'Europe, une réunion au sommet des Quatre serait autre chose qu'une fiction. Au Moyen-Orient, il y a, d'une part, les acteurs locaux — Israël et les pays arabes —, d'autre part les deux Grands avec, peut-être, à l'arrière-plan, l'ombre menaçante de la Chine. L'Europe des Six s'occupait de betteraves pendant ces jours historiques.

À deux ou à quatre, « la concertation » des grandes puissances arrivait trop tard, après les jours décisifs, entre le 19 et le 22 mai, durant lesquels le président Nasser avait pris les décisions qui déclenchèrent la machine infernale. Les relations entre la Maison-Blanche et le Kremlin ne permettaient guère au président Johnson d'expliquer à M. Kossyguine la suite prévisible des événements. Le président américain n'avait le choix qu'entre deux termes : ou bien faire savoir à l'avance et secrètement au président Nasser qu'il ne tolérerait pas la fermeture du golfe d'Akaba, ou bien tolérer le blocus et promettre à Israël un appui diplomatique. Il choisit le deuxième terme de cette alternative.

Le 24 mai, le général de Gaulle avait invité les Quatre à se concerter. Le 2 juin, au Conseil des ministres suivant, un texte rédigé par le président de la République précisait que « la France estime que le pire serait l'ouverture des hostilités. En conséquence, l'État qui, le premier et où que ce soit, emploierait les armes n'aurait ni son approbation ni, à plus forte raison, son appui ». Entre les deux conseils des ministres français, le ministre de la Défense de la R.A.U. s'était rendu à Moscou, le président Nasser avait évoqué, dans un discours, la destruction d'Israël, l'Algérie avait envoyé des contingents au Moyen-Orient, le roi Hussein s'était réconcilié avec le président Nasser et avait accepté qu'en cas de guerre son armée fût sous commandement égyptien. En bref, deux ou trois autres *casus belli* s'étaient ajoutés au blocus d'Elath. La condamnation anticipée de l'action israélienne prononcée par le général de Gaulle ne pouvait influer sur les événements eux-mêmes : si les conseils américains de modération n'étaient pas écoutés à Jérusalem, pourquoi ceux de Paris l'auraient-ils été ?

N'importe quel observateur du Moyen-Orient savait, le 2 juin, qu'une bataille était devenue inévitable.

*

*   *

Trois semaines se passent et le général de Gaulle fait connaître avec éclat, dans son style unique, ce qu'il pense de la situation au Moyen-Orient et dans le monde. Cette fois il n'est plus question de la « concertation des grandes puissances ». L'origine de tout le mal, c'est la guerre du Vietnam, « déclenchée par l'intervention américaine ». Même l'effort chinois d'armements atomiques (ou, tout au moins, la hâte de ces armements) serait imputable à la guerre du Vietnam. Celle-ci porte-t-elle la responsabilité aussi de « la hâte française » ?

Entre la guerre du Vietnam et la crise du Moyen-Orient, peut-être existe-t-il un lien. L'hypothèse m'a paru plausible dès le point de départ, mais seuls les Soviétiques seraient en mesure de la confirmer ou de la démentir. Même si le lien existe, autrement dit, même si les dirigeants soviétiques ont voulu embarrasser les dirigeants américains en provoquant des troubles en une zone sensible du champ diplomatique — ce qui n'est ni exclu ni démontré —, il n'en demeure pas moins que l'Union soviétique arme les pays arabes, qu'elle veut acquérir dans la région positions et influence en fonction de ses intérêts nationaux, qu'il y ait ou non une guerre au Vietnam. Quant à l'hostilité judéo-arabe, elle a précédé la guerre au Vietnam et, malheureusement, lui survivra longtemps.

*

*   *

Seul un élément nouveau, selon le Président français, permettrait d'espérer un règlement pacifique au Moyen-Orient. Ainsi, au siècle dernier, la France et la Grande-Bretagne, à la manière des grandes puissances du passé, fondaient leur accord sur des marchandages, délimitaient leurs sphères respectives d'influence, troquaient l'Égypte contre le Maroc, échangeaient des biens qui ne leur appartenaient pas. Il est souhaitable et possible que l'Union soviétique et les États-Unis se fassent, ici ou là, des concessions pour améliorer le climat de la coexistence pacifique. Mais, le lendemain du jour où le président de la République française proclamait solennellement que rien ne pourrait être fait aussi longtemps que la guerre du Vietnam n'aurait pas pris fin, M. Kossyguine discutait longuement avec le président Johnson et prenait tant d'intérêt à la conversation qu'il demandait un deuxième entretien. Le Président français souhaitait-il empêcher le tête-à-tête russo-américain ? Pourquoi était-il plus royaliste que les rois du Kremlin ?

Ce qui a frappé les observateurs, c'est la prudence manifestée par les deux Grands, leur volonté commune de ne pas se combattre. Quelle que soit la part des causes locales et des causes générales à l'origine de la crise, cette dernière est typique des relations internationales telles qu'elles se déroulent depuis vingt ans. Il y a donc, heureusement, des raisons d'espérer que le « processus actuellement engagé », pour reprendre l'expression d'un ministre français, ne conduit pas à une troisième guerre mondiale.

Bien plutôt, est-on tenté de craindre non la hantise de la guerre générale, mais la conviction diffuse que les armes nucléaires rendent une telle guerre impossible. Les hommes s'habituent non à l'idée de la grande guerre, mais à la réalité des petites qui, pour n'être pas à l'échelle de la catastrophe nucléaire, n'en restent pas moins horribles. Mais si chacun souhaite la fin de la guerre du Vietnam, demander la capitulation américaine, c'est-à-dire faire de la surenchère sur les Soviétiques eux-mêmes, est-ce la méthode la plus efficace ? Porter souverainement des jugements moraux sur ceux que le général de Gaulle appelle les monstres froids, les États, est-ce une part indispensable de la politique d'indépendance et de neutralité ? Est-ce une contribution à la paix ?

Les armes et la paix[1]

Israël pouvait perdre la guerre, non la gagner par les armes. Il a remporté UNE victoire militaire, il n'a pas remporté LA victoire. Un État de deux millions et demi d'habitants n'a pas les moyens de contraindre à la capitulation l'ensemble des pays arabes. Il a détruit deux armées, il n'a détruit ni les États ni les peuples contre lesquels il combattait.

Cette dissymétrie explique pour une part le cours des événements. Elle comporte également des leçons pour l'avenir. Qu'il s'agisse du court ou du long terme, la seule victoire authentique pour Israël serait la paix. L'objectif premier est d'obtenir la reconnaissance par les États arabes, l'objectif lointain demeure et doit demeurer la réconciliation. Cette proposition évidente ne permet pas encore de tracer aux gouvernants israéliens une ligne de conduite. Elle n'en constitue pas moins une mise en garde contre les illusions et les emportements passionnels.

Dans l'immédiat, beaucoup dépendra des décisions qui seront prises au Kremlin. Les envois soviétiques à l'Égypte de chars d'assaut et de chasseurs étaient prévisibles et sont normaux. Ils ne prouvent nullement que les dirigeants de Moscou envisagent une reprise prochaine des hostilités. En tout état de cause, ces dirigeants devaient soutenir le président Nasser et, comme ils n'avaient pas pu ou pas voulu intervenir militairement à l'instant décisif, ils étaient moralement et politiquement tenus de remplacer, au moins en partie, le matériel détruit.

Les questions véritables se posent au-delà. Une quatrième bataille après celles de 1948, de 1956, de 1967, n'aurait de sens pour les Soviétiques ou pour les Égyptiens qu'à la condition que certaines des données militaires fussent profondément modifiées. Le choc des divisions blindées dans le désert favorise l'armée la plus mobile, la plus capable de manœuvrer rapidement, celle dont les soldats sont les mieux entraînés et les cadres, à tous les niveaux, les plus aptes à prendre des initiatives.

Les Arabes parviendront, comme les autres peuples, à maîtriser la technique. Si, comme l'écrit François Mauriac, Shylock est redevenu le roi David, il serait à la fois monstrueux et absurde de substituer à l'antisémitisme antijuif un antisémitisme antiarabe et de forger une image de l'Arabe à jamais voué à la pauvreté ou aux besognes serviles. Mais la modernisation de l'armée suppose celle de la société ; l'une comme l'autre exigent du temps.

Durant les années à venir (je ne parle pas des décennies), les Égyptiens n'auraient une chance de succès militaire contre Israël qu'avec un concours soviétique de nature différente : ou bien un nombre considérablement accru de conseillers soviétiques, ou bien la participation de « volontaires » venus des pays socialistes, ou bien enfin le recours à des armes à longue portée (engins balistiques). Au cas où Soviétiques et Égyptiens s'engageraient dans cette voie, les Israéliens seraient contraints de ne pas se laisser prendre de vitesse dans la course aux armements.

Heureusement, le pire n'est pas toujours certain. Les Égyptiens hésiteront devant un choix qui les rendrait entièrement prisonniers de l'alliance soviétique et les dirigeants du Kremlin ne se lanceront peut-être pas dans une aventure au bout de laquelle se profile la confrontation directe avec les États-Unis. Il est donc au moins possible que les Égyptiens acceptent, pour la phase prochaine, l'existence d'Israël et que les Soviétiques, tout en consolidant leurs positions au Moyen-Orient, s'abstiennent d'inciter les Arabes à une nouvelle épreuve de force.

Supposons que cette hypothèse optimiste se confirme : en ce cas, le devoir et l'intérêt du gouvernement de Jérusalem seraient d'aider les dirigeants arabes disposés à prendre la responsabilité d'une politique impopulaire. Il ne peut les aider que par la modération, en résistant à la tentation de chercher la sécurité sur la carte, par la coïncidence entre les frontières et les fleuves. À long terme, à échéance d'une ou deux décennies, ce n'est pas une armée jordanienne qui constituera une menace pour Tel-Aviv, mais l'installation d'engins à moyenne portée en Syrie ou en Égypte. La meilleure manière de parer à ce péril, c'est de tendre la main à ceux des Arabes qui ne la refusent pas à tout jamais.

Il y a trois cent mille Arabes à l'intérieur de l'État d'Israël. Même si cette majorité bénéficie d'un niveau de vie égal ou supérieur à celui des Arabes de Syrie ou de Jordanie, elle est privée de l'essentiel : les Arabes ne sont pas des citoyens à part entière de l'État israélien ; citoyens de seconde zone, ils forment un corps à demi étranger. Les Juifs d'Israël ne peuvent pas ne pas comprendre les sentiments de cette minorité, eux qui ont si longtemps connu la même infortune. Autrement il faudrait conclure, avec une amertume résignée, que la succession monotone et tragique des injustices et des oppressions se poursuivra dans l'avenir, aussi loin que le regard puisse en percer les brumes.

Comme les pays arabes se refusaient à reconnaître l'existence d'Israël, celui-ci ne pouvait ni faire confiance au loyalisme de la minorité arabe ni accepter le retour massif des Palestiniens victimes de la crise de 1948. Demain, les conditions peuvent être différentes. Mais une Cisjordanie sous protectorat israélien serait tout aussi inacceptable aux Arabes qu'Israël sous protectorat arabe le serait aux Juifs.

La seule coopération entre Israéliens et Arabes au Moyen-Orient, dont la perspective se dessine peut-être vaguement exige le consentement des Palestiniens et des Jordaniens. La force des armes ne suffit pas à l'arracher.

Pourquoi ?[1]

Il y a quelques semaines, à un de mes amis qu'indignait un communiqué remis à la presse au lendemain d'un Conseil des ministres, je répondis : « Vous en verrez bien d'autres, je vous parie que la France, aux Nations Unies, votera la motion soutenue par l'Union Soviétique. » Je ne me réjouis pas d'avoir été bon prophète. Mon interprétation de la personne et de la pensée du général de Gaulle m'incitait à prévoir le glissement diplomatique de la neutralité à la solidarité avec les pays arabes et l'Union Soviétique. Mais, aujourd'hui, sans aucune passion, je m'interroge : pourquoi ?

Une motion qui enjoint aux Israéliens d'évacuer les territoires militairement conquis avant tout règlement et sans aucune garantie, n'aurait pas été obéie par le gouvernement de Jérusalem. En revanche, elle aurait donné aux pays arabes et à l'Union soviétique une raison supplémentaire d'intransigeance, l'espoir de regagner par la diplomatie ce qui a été compromis sur les champs de bataille. Si le but de la diplomatie française est de favoriser une solution durable, le moins que l'on puisse dire est que le ralliement français aux thèses soviéto-arabes ne semble pas de nature à conduire au but.

Admettons que le gouvernement ait eu raison, afin de manifester aux Arabes son esprit d'équité, de ne pas honorer les engagements pris par le gouvernement français de 1957 au sujet du golfe d'Akaba. Admettons encore qu'il ait de bons motifs d'exprimer, après et avant les hostilités, sa désapprobation du recours aux armes. Ce qui est plus difficilement acceptable, c'est le communiqué du Conseil des ministres du 21 juin où l'apparence même d'objectivité tant à l'égard des États-Unis que d'Israël a disparu, c'est, enfin, le vote de la France aux Nations Unies et peut-être, plus encore, l'effort de la délégation française pour convaincre nos amis d'Afrique noire de voter avec l'Union soviétique (que pensent, au fond d'eux-mêmes, ces hommes qui font leur métier de serviteurs de l'État, c'est-à-dire, aujourd'hui, d'un seul homme ?).

Parlons le langage du pur réalisme. Les États d'Afrique noire, dont les dirigeants sont modérés, s'inquiètent ou s'indignent. Les envois d'armes soviétiques à l'Algérie, la politique dite révolutionnaire de M. Boumedienne suscitent l'angoisse à Tunis et à Rabat, où les gouvernants, qui comprenaient la neutralité de la France, ne comprennent pas le « militantisme » pro-soviétique, l'appui donné, consciemment et volontairement, à tous ceux, dans le tiers monde, qui font profession des sentiments les plus hostiles aux Américains et aux Occidentaux.

Dira-t-on que le général de Gaulle réussit, par là même, à soustraire la France à l'hostilité que vouent les pays arabes et nombre de pays asiatiques ou africains à « l'impérialisme américain » ou à « l'impérialisme occidental » ? Pour marquer son indépendance, pour se dissocier de la politique américaine au Vietnam, la France n'a nul besoin d'être plus soviétique que les Soviétiques. Qu'elle le veuille ou non, la France appartient à l'Europe, à la famille des peuples riches, elle a un ordre social foncièrement conservateur.

Le jeu diplomatique auquel se plaît le Président de la République, l'indifférence aux idéologies et aux régimes intérieurs des États, les renversements d'alliance (en paroles) me paraissent, en dépit de tout, anachroniques.

Ce suprême réalisme comporte des bénéfices à court terme, mais il comporte aussi un coût, qui dépasse largement, à mes yeux, ce profit temporaire.

L'opinion, en France et au-dehors, finira tout de même par saisir l'aspect le moins glorieux de cette sorte de diplomatie. En 1960, le général de Gaulle reçut M. Ben Gourion comme le représentant d'un pays ami et allié. En 1967, Israël, qui doit ses armes à la France, a le sentiment d'être traité en ennemi par le même général de Gaulle : tous les amis des États-Unis sont-ils les ennemis de la France ? Les ennemis des révolutionnaires soviétiques ou arabes sont-ils en même temps des ennemis de la France ? Un pays, qui dispose de moyens limités, a-t-il avantage à mériter la réputation dont jouissait la Grande-Bretagne au siècle dernier, de n'avoir que des intérêts et pas d'amis ?

La France se sépare et de ses partenaires du Marché commun et des autres pays de la zone atlantique, autrement dit, elle se détache de ceux auxquels elle est le plus étroitement liée par son économie, par sa culture, par son idéal. Le tribut qu'elle reçoit de la Yougoslavie du maréchal Tito offre-t-il une compensation suffisante ?

Si la France contribuait par ses initiatives à la pacification, ce calcul dit réaliste de gains et de pertes serait, en dernière analyse, sans portée. Mais, en fait, tout se passe comme si l'objectif suprême du général de Gaulle était ou bien de s'opposer partout et toujours aux États-Unis, ou bien d'inciter les dirigeants soviétiques à l'extrémisme. Que le général de Gaulle condamne la guerre au Vietnam, condamnée par l'énorme majorité de l'opinion européenne, rien de plus normal. Ce qui est surprenant, c'est qu'il parle et agisse comme s'il préférait la continuation du conflit à un compromis, comme s'il souhaitait moins la paix qu'une défaite américaine, comme s'il redoutait avant tout un accord russo-américain. Et pourtant, en mars 1949, celui qui était alors le président du R.P.F. déclarait dans une conférence de presse : « Je sais bien que de pauvres gens prétendent, comme ils disent, remplacer la force par la politique. On n'a jamais fait aucune politique, même et surtout une politique de grande générosité, si l'on renonce à être fort. En Indochine, certains préconisent ce qu'ils appellent la solution Ho Chi-minh, c'est-à-dire, en réalité, la capitulation. »

*

*   *

Depuis le début de la crise au Moyen-Orient, j'avais le sentiment que le Président de la République serait entraîné par la logique de sa diplomatie à rallier le camp soviétique. Mais je me demande aujourd'hui avec angoisse : s'agit-il encore d'une logique de la raison ou seulement d'une logique des passions ?

L'obsession antiaméricaine actuelle ne ressemble-t-elle pas à l'obsession antianglaise de Vichy en 1940 ?

Israël entre la guerre et la paix[1]

Dans le livre qu'ils viennent de publier sur *La Guerre de six jours*, Randolph et Winston Churchill, fils et petit-fils de sir Winston, rapportent ce propos d'un parachutiste israélien : « *C'est un pays qui ne manque pas d'intérêt, jamais un instant d'ennui. Une guerre éclate : elle est finie en six jours et vous avez mis le monde entier sens dessus-dessous.* »

À la fin d'un bref séjour en Israël, lisant le livre des Churchill, je m'interrogeai moi-même : le monde est-il vraiment sens dessus-dessous ?

La victoire militaire, par sa brutalité, a surpris, non les chefs de l'aviation israélienne et les experts du Pentagone, du moins la plupart des hommes politiques, au dehors, sans compter probablement les services de renseignement soviétiques. Mais gagner une bataille, ce n'est pas encore gagner la guerre. Les dirigeants arabes le proclament, reprenant une formule déjà entrée dans l'histoire : les Arabes ont perdu une bataille — la troisième en vingt ans — ils n'ont pas perdu la guerre.

Gardons-nous pourtant du paradoxe. Tout n'est pas changé, mais il y a du nouveau. L'impasse politique demeure : elle n'est plus la même.

*
* *

Personne ne doute désormais que l'armée israélienne soit la plus forte du Moyen-Orient, sans rivale, aussi longtemps que l'Union soviétique n'intervient pas directement ou par l'envoi de « volontaires » musulmans. La présence de la VIᵉ flotte américaine, en Méditerranée orientale, rend improbable, dans le proche avenir, une intervention qui contredirait les règles ordinaires de la diplomatie soviétique.

Certains généraux israéliens, parmi les plus hauts placés, croyaient qu'en 1967 le rapport des forces était devenu moins favorable qu'en 1965. Ils ont découvert que la marge de supériorité s'était, non rétrécie, mais élargie.

Certes, grâce à la destruction au sol, en quelques heures, de la plus grande partie de l'aviation égyptienne, infanterie et divisions blindées d'Israël ont bénéficié d'un avantage décisif. Plus que toute autre bataille, la bataille de chars dans le désert est influencée par l'action aérienne. Pourtant, quel qu'ait été le rôle de la surprise, quelle qu'ait été l'efficacité des *Mystère* et des *Mirage*, la supériorité israélienne s'est affirmée sur tous les terrains, dans toutes les formes de combat.

Non que les soldats égyptiens, jordaniens ou syriens ne se soient battus courageusement. Non pas même que les cadres aient été dénués des connaissances techniques nécessaires au maniement des armes modernes. Ce qui, à en croire mes interlocuteurs de Jérusalem ou de Tel-Aviv, manque par-dessus tout aux armées arabes, c'est l'intégration sociale, faute de laquelle il n'y a pas d'action collective. Une « unité », depuis l'escouade jusqu'à l'armée, n'existe qu'à la condition que les hommes aient confiance les uns dans les autres. Les officiers égyptiens ne connaissaient pas tous les noms de leurs hommes et ils étaient surpris de la surprise que manifestaient, en l'apprenant, les enquêteurs israéliens.

Ceux-ci de leur côté, découvrirent avec soulagement qu'en dépit des querelles de leurs partis, ils se retrouvaient unis au jour de l'épreuve. Juifs orientaux et Juifs occidentaux, Séphardites et Ashkhenazes, bien qu'ils n'occupent pas la même place dans la hiérarchie sociale, constituaient ensemble une nation. Au moins pour un temps, les tensions ethniques, souvent fortes au cours des dernières années, se sont relâchées dans la conscience d'une destinée commune et d'un péril partagé. (La propagande égyptienne ou syrienne que tant d'Israéliens pouvaient écouter, puisque leur langue maternelle est l'arabe, a complété l'œuvre d'éducation civique accomplie par l'armée.

Quant au retour des Israéliens à Jérusalem, l'événement a une telle signification pour les fidèles de trois religions, il soulève dans l'inconscient des Chrétiens, des Musulmans et des Juifs de telles émotions pures et impures, politiques et mystiques, que l'observateur craint de méconnaître l'essentiel, dès qu'il s'en tient au langage de la raison et de l'incroyance. Et pourtant, il ne peut oublier la remarque d'un ami israélien, pieux et pratiquant : « *Et maintenant les Musulmans, et non plus seulement les Arabes verront en nous des ennemis.* » Les propos du grand rabbin de l'armée, sur la reconstruction du Temple ou sur la prière près des Lieux sacrés des Musulmans, ont été rétractés par celui qui les avait tenus, non peut-être oubliés par ceux qu'ils touchaient au plus intime d'eux-mêmes.

Défaite russe, victoire américaine, a-t-on dit. Le bilan est-il aussi simple ? Les Soviétiques s'inquiétaient de la fragilité du régime syrien, le plus « progressiste », le plus proche par son langage et son action, du camp socialiste. En dépit ou à cause de la défaite, le régime est peut-être consolidé, dans la mesure même où il y a plus encore besoin de son grand protecteur. L'Égypte, elle aussi, a moins de liberté de manœuvre aujourd'hui qu'hier. Elle a reçu de l'Union soviétique, au cours des deux derniers mois, des chasseurs (mais pas de bombardiers) et des chars qui compensent, dit-on, 50 à 75 % des pertes subies. Bien entendu, ces envois d'armes n'annoncent pas une intention agressive pour le proche avenir. Les Russes ne pouvaient pas ne pas réarmer le président Nasser, ne serait-ce que pour lui rendre autorité et prestige. S'ils avaient pour objectif d'acquérir des bases militaires en Méditerranée orientale ou de transformer quelques pays arabes en démocraties populaires, ils sont plus près du but après la défaite de leurs alliés qu'avant. Mais ont-ils le désir d'assumer la charge économique de l'Égypte aux finances lourdement déficitaires, dont le président peut prendre seul, demain, comme il l'a fait hier, des décisions aventureuses ?

Quant au président américain, sa première réaction à la guerre de Six Jours fut la satisfaction. Son prédécesseur avait signé, à propos du golfe d'Akaba, des engagements solennels que lui-même ne voulait pas renier et qu'il ne savait comment honorer. Les Israéliens se sont chargés de résoudre le problème pour lui.

Et maintenant ? Les principes du règlement, proclamés par le président Johnson, excluent le retour au *statu quo ante*, mais les Arabes accepteraient-ils de payer, par la reconnaissance d'Israël, l'évacuation des territoires occupés ? Les Israéliens accepte-raient-ils d'évacuer les territoires conquis, sans autre contrepartie qu'une garantie internationale dont ils ont mesuré, en mai 1967, la précarité ? Russes et Américains s'étaient mis d'accord, à New York, sur un texte que les Arabes ont rejeté et que les Israé-liens n'auraient accepté que sous bénéfice d'inventaire. Les deux Grands n'ont pas plus les moyens l'un que l'autre de se faire obéir par leurs protégés respectifs. Arabes et Israéliens sont aussi peu disposés, aujourd'hui qu'hier, à conclure une vraie paix, même s'ils répugnent à recommencer une vraie guerre.

L'issue d'hostilités locales sera-t-elle, une fois de plus, la substitution d'un cessez-le-feu à un autre, la continuation de ce que Mao Tsé-toung appelle « conflit prolongé » ? Même dans ce cas, deux événements, l'un chargé d'histoire et l'autre de géopo-litique ou de géoéconomique, garderaient leur signification. Les musulmans ont perdu la souveraineté sur les Lieux Saints et le déclin du canal de Suez, fermé peut-être pour longtemps, risque d'être désormais irrémédiable.

Une diplomatie en quête d'une politique

« Embarras de richesses », me dit avec un sourire ambigu un des dirigeants de la République israélienne. « Jérusalem, la zone de Gaza, le Sinaï, la rive occidentale du Jourdain. Cette fois nous avons les meilleures cartes ; aux autres à s'interroger sur la conduite à suivre. »

J'interrompis le ministre : « Mettez-vous l'accent sur l'embarras ou sur les richesses ? S'il s'agit de cartes en vue d'une négociation, vous n'en manquez pas. Si vous gardez vos conquêtes, seraient-elles des richesses ? »

Le ministre reconnut volontiers que ces richesses risqueraient d'être demain une cause d'embarras. Mais il se garda de spéculer sur ce qui se passerait au cas où « les conséquences de l'agression ne seraient pas éliminées », pour user du langage de la diplomatie soviétique. Il esquissa les thèses connues de la diplomatie israélienne en insistant sur les garanties de sécurité.

Ce dialogue, ni fictif ni symbolique, est révélateur de la conjoncture présente. Les Israéliens savent toujours ce qu'ils doivent dire. Ils savent parfois ce qu'ils souhaitent obtenir. Ils ne savent pas ce qu'ils feront s'ils ne l'obtiennent pas. Peut-être même ne savent-ils pas toujours ce qu'ils souhaitent au fond d'eux-mêmes.

Gouvernants et opinions parviennent difficilement à une pleine conscience de ce qui s'est passé ou de ce qui leur est arrivé. Au matin du 5 juin, M. Lévi Eshkol envoyait un message au roi Hussein, le conjurant de pas intervenir. Ce n'est qu'à la fin de la matinée, après la prise par les Jordaniens du bâtiment occupé par les Nations Unies, que le commandant du Front central reçut l'ordre d'attaquer. Aujourd'hui, Jérusalem est unifiée et les soldats israéliens tiennent la rive du Jourdain et le canal de Suez.

1. *Le Figaro* du 29 août 1967.

Mais il y a une contrepartie : 300 000 réfugiés de 1948 vivent encore dans la zone de Gaza, entretenus par le Fonds spécial des Nations Unies. Les Palestiniens de la zone et ceux de la rive occidentale du Jourdain représentent ensemble environ un million de personnes qui viendraient s'ajouter aux 300 000 Arabes que comptait l'État d'Israël à l'intérieur de ses frontières de 1949. Cet État compte moins de 2,5 millions de Juifs, dont le taux de reproduction est plus faible que celui de la minorité arabe qui vote mais ne porte pas les armes.

Que faire ? À l'intérieur du gouvernement aussi bien que dans l'opinion, des tendances diverses se dessinent. En prêtant aux partis ou aux personnes une opinion arrêtée, on composerait un tableau aussi satisfaisant pour l'esprit qu'éloigné du réel.

Écartons d'abord une première école qui compte quelques écrivains ou publicistes de qualité, mais aucun porte-parole dans les milieux dirigeants. Appelons cette première école celle de l'État pluriethnique séculier. Arabes et Juifs sont des sémites, faits pour vivre ensemble et non pour se combattre, moins encore pour rallier l'un et l'autre des camps ennemis qui s'affrontent sur le plan mondial et qui subordonnent les intérêts du Moyen-Orient à des intérêts extérieurs, à des calculs de diplomatie planétaire. Traitons les Arabes en égaux, distinguons radicalement religion juive et État d'Israël, et notre action, notre exemple, rendra possible peu à peu, au-delà de la coexistence, la coopération, puis la fédération des peuples aujourd'hui voués à une guerre ruineuse pour tous.

Un tel programme suppose le problème résolu. Les Israéliens, même non religieux, demeurent attachés à un État essentiellement juif. Les Ashkhenazes incroyants qui ont quitté l'Europe pour revenir sur la Terre promise conservent la conscience d'une identité hébraïque. Beaucoup connaissent la civilisation arabe, tous rêvent du rétablissement de la paix mais, pour eux, longtemps encore, les Arabes seront « les autres ». Ceux-ci, de leur côté, même s'ils jouissent d'un niveau de vie supérieur à celui de leurs frères, de l'autre côté de la frontière, se sentiront étrangers à l'État qui ne leur accorde qu'une demi-citoyenneté.

Si un État pluriethnique sans discrimination entre Arabes et Juifs reste provisoirement impossible, et les Israéliens ne se font guère d'illusions à cet égard, la conclusion impitoyable n'est-elle pas une alternative dont les deux termes semblent presque également inacceptables : ou bien évacuer les territoires conquis, en tout cas la rive occidentale du Jourdain, ou bien devenir ce que leurs ennemis depuis des années les accusent d'être, les derniers colonisateurs, la dernière vague de l'impérialisme occidental.

L'alternative précédente exprime la conclusion, on pourrait presque dire la philosophie du dialogue des Israéliens avec eux-mêmes, avec leurs amis et avec leurs ennemis. Avant d'en venir là, on fera des distinctions.

Jérusalem n'est plus, selon la formule officielle, « objet de négociation ». La division de la ville, hier, était contraire à la nature des choses, l'unification aujourd'hui marque un retour à l'ordre, si l'on peut évoquer un ordre naturel sur cette terre, dont la destination est religieuse et dont le destin, au long des siècles, fut de servir de voie de passage aux conquérants, de champs de bataille aux combattants, les uns en quête de souvenirs sacrés, les autres emportés par l'ambition impériale.

La zone de Gaza, elle aussi, constitue un problème à part. Les réfugiés ne sortaient pas des camps. Les Palestiniens de la zone étaient soumis à une administration égyptienne, non pas traités en citoyens égyptiens, ils avaient besoin d'une autorisation pour se rendre en Égypte. Les autorités israéliennes s'efforcent moins de recruter des *collaborateurs* que d'inciter les Palestiniens à s'administrer eux-mêmes. Solution toute temporaire puisqu'elle ne préjuge pas en théorie la souveraineté. Mais déjà interviennent des considérations de sécurité. Il n'est pas concevable, me disent certains interlocuteurs, que la zone de Gaza, à la frontière d'Israël, serve une fois encore de position avancée à une armée égyptienne. Démilitarisation ? Peut-être, mais que valent les promesses ? Souveraineté israélienne ? Mais les Palestiniens de Gaza, abstraction faite des réfugiés, vont encore grossir la minorité arabe d'Israël.

Le désert du Sinaï est le champ de bataille le plus favorable à l'armée israélienne, le plus dangereux pour l'armée égyptienne. On a peine à croire que cette dernière l'utilise pour un quatrième round. L'argument de sécurité ne devrait pas interdire un compromis en dépit des objections des aviateurs, soucieux de disposer de quelques minutes de plus pour la mise en état d'alerte de leur défense.

Reste enfin l'essentiel : la rive occidentale du Jourdain, chargée de souvenirs d'histoire juive mais peuplée de Palestiniens, qui n'étaient peut-être pas attachés à la dynastie hachémite, mais qui, quelle que soit la conduite des troupes israéliennes, connaissent l'humiliation et le ressentiment de toutes les populations occupées. Ils sont plus Palestiniens qu'Arabes, affirment certains Israéliens. Permettons-leur de s'administrer eux-mêmes, accordons-leur une aide technique. La Jordanie fut une création artificielle de la puissance mandataire. Dans quelques années, une solution se dessinera progressivement sur le terrain : province autonome, État associé, confédération israélo-jordanienne, nul ne peut trancher à l'avance. Agissons comme nous l'avons toujours fait : ne mesurons pas le souhaitable au possible, mesurons le possible à notre volonté.

Les Palestiniens de Cisjordanie demeurent des Arabes, quelles que soient leurs particularités, disent les autres. La présence israélienne attisera le nationalisme arabe. Nous entrerons dans le cycle infernal de l'occupation et de la répression. Nous nous trahirons nous-mêmes en violant le principe moral sur lequel se fonde notre État. Comme tous les colonisateurs d'Occident au xxe siècle, nous aurons demain mauvaise conscience. Danger moral plus grand que le danger militaire de la restauration de la souveraineté jordanienne sur la Cisjordanie. Quant à la solution d'une Cisjordanie *indépendante*, mais avec des troupes israéliennes sur le Jourdain, elle équivaut à l'établissement d'un protectorat au sens précis que ce terme avait au siècle dernier.

*

* *

Qu'est-ce que chaque Israélien craint le plus ? La corruption spirituelle de la nation par les conquêtes ? L'insécurité militaire par l'évacuation des territoires occupés ? La perte de l'identité juive par le gonflement de la minorité arabe ? Je pourrais dire, si je n'étais pas tenu à la discrétion, quelle hiérarchie chacun de mes interlocuteurs établissait entre les divers périls sans peut-être en avoir lui-même conscience. Mais, politiques ou militaires, ils en reviennent toujours à une formule diplomatiquement impeccable : que les Arabes consentent à discuter d'un règlement de paix et tout deviendra possible.

Faute d'accord entre eux et sur leur vocation, les Israéliens tiennent ce qu'ils ont occupé en laissant aux Arabes la responsabilité du choix. La décision des Arabes fixera donc pour une part le destin d'Israël. Car si la situation actuelle se prolonge, le régime d'occupation créera à son tour des faits accomplis dont nul ne peut prévoir ni la durée ni les conséquences.

Les arabes accepteront-ils de négocier ?[1]

Les Arabes sont-ils prêts, après la défaite, à reconnaître l'existence et la légitimité de l'État d'Israël ? Je voudrais répondre « oui ». Le conflit israélo-arabe accumule les souffrances ; il paralyse le développement économique d'une région entière ; il risque à chaque instant de s'étendre ; il soulève des passions telles que, dans chaque pays d'Europe, occidentale et orientale, les citoyens s'opposent les uns aux autres et, parfois, se dressent contre la politique de l'État.

*

*   *

Quelques articles de la presse égyptienne laissent espérer un changement de style et de tactique, sinon une conversion. Aussi longtemps que la propagande arabe prêche ouvertement la destruction de l'État d'Israël — sans compter, dans les jours qui précédèrent la guerre, la menace de massacrer les hommes et de violer les femmes — les Occidentaux les moins favorables à Israël ne peuvent soutenir pleinement la cause arabe. Comme l'écrivit un intellectuel de gauche dans une tribune libre du *Monde*, mieux valait, dans l'immédiat, une victoire israélienne qui évitait un génocide et sauvegardait l'avenir des deux camps.

Le président Nasser semble envisager un règlement diplomatique de la crise. Contre l'extrémisme de Damas et d'Alger, il aurait choisi la modération qui marqua, au cours des dernières années, sa diplomatie et dont il se départit soudain, en mai 1967, pour des motifs aujourd'hui encore obscurs. Mais peut-il consentir, après la défaite, les concessions auxquelles il se refusait avant ? Peut-il, même s'il en a le désir, payer le prix qu'exigent les Israéliens ?

Le canal de Suez est fermé à la navigation. Les Israéliens ne s'opposent pas à la réouverture, mais, comme la ligne du cessez-le-feu passe, d'après eux, au milieu du canal, ils se bornent à répéter : ou les vaisseaux israéliens auront le droit d'utiliser le canal, ou bien aucun navire d'aucun pays ne l'utilisera. L'Égypte est privée de revenus importants, l'Union soviétique d'une voie de communication vers l'Extrême-Orient. Plus le temps passe, plus la durée des travaux nécessaires à la remise en état du canal sera longue. Les compagnies pétrolières misent désormais sur les pétroliers géants qui font le tour de l'Afrique. Cette concession semblerait annoncer une reconnaissance obstinément refusée depuis dix-neuf ans. Le héros du nationalisme arabe, plébiscité par son peuple au jour de malheur, serait-il suivi sur la voie, non plus du combat, mais de l'armistice, sinon de la paix ? Je ne sais.

À propos du canal, il suffirait d'une concession sans autre signification que symbolique. Mais, qu'il s'agisse de Jérusalem ou de la Cisjordanie, les Israéliens demandent davantage. La motion sur laquelle Russes et Américains s'étaient mis d'accord — reconnaissance de l'État d'Israël en échange du retrait des troupes israéliennes — a été rejetée par les Arabes ; elle n'aurait pas été appliquée par les Israéliens. Pour l'instant, on ne voit pas quel gouvernement israélien reviendrait sur l'unification de Jérusalem, pas plus qu'on ne voit quel gouvernement arabe renoncerait à Jérusalem. Politique ou religion ? Politique et religion inextricablement mêlées : le sort de la ville sacrée dresse, une fois de plus, l'un contre l'autre Israël et Ismaël ; et les Chrétiens, entre eux divisés, ne sont pas des spectateurs purs.

Certes, aucun des problèmes n'est en lui-même insoluble. Jérusalem ne sera plus divisée en deux villes sans communication l'une avec l'autre. Mais qu'il s'agisse des Lieux saints ou de la souveraineté jordanienne ou palestinienne sur la ville arabe, les diplomates ont assez d'ingéniosité pour mettre au point une formule, dès le moment où les politiques les chargeront d'en trouver une. Peut-être le gouvernement israélien y est-il plus disposé qu'on ne le croit et qu'il ne le donne à penser. Malheureusement, la condition nécessaire reste aussi la plus difficile : Israël veut des négociations avec chaque État voisin en particulier, non avec l'ensemble des États arabes. Il consentirait probablement au roi Hussein des concessions qu'il refuse soit aux Nations Unies soit à la coalition des pays arabes. Mais le roi Hussein, après avoir sacrifié son armée à la cause de l'unité arabe, peut-il traiter seul avec l'ennemi de tous ?

Aux Nations Unies, les pays arabes mettraient Israël dans une position difficile s'ils abandonnaient les thèses soutenues depuis 1949 et se résignaient à la paix. Ils ne s'y sont pas encore résignés pour de multiples raisons, morales et matérielles. Reconnaître l'existence de l'État d'Israël, c'est, aux yeux des non-Arabes, admettre un fait ; aux yeux des Arabes, c'est accepter une injustice et avouer une défaite. Nous devons les comprendre, quoi que nous pensions nous-mêmes.

De plus, l'unité arabe, déjà plus fictive que réelle dans les circonstances présentes, serait encore affaiblie le jour où Israël cesserait d'être l'ennemi absolu. Même dans le choix de la tactique à courte échéance, extrémistes et modérés parviennent difficilement à s'accorder. À Damas et à Alger sont tenus aujourd'hui les propos les plus violents. Certes, la nostalgie de l'unité a été renforcée par un malheur qui a été ressenti par tous les Arabes, d'Aden à Casablanca. La liquidation de la guerre du Yémen, un accord entre Égypte et Arabie Séoudite seraient à la fois condition et confirmation de cette unité. Pour l'instant, les contradictions d'intérêt entre régimes traditionnels, entre pays riches, grâce au pétrole, et pays pauvres, demeurent.

Provisoirement, les pays arabes, eux aussi, comme Israël, ont pris des positions diplomatiques plutôt qu'ils n'ont adopté un plan d'action. Bien entendu, ils veulent récupérer les territoires perdus au moindre coût, de même que les Israéliens veulent, soit les conserver, soit obtenir le maximum d'avantages en échange. Mais les Israéliens savent-ils s'ils doivent exiger plus que les Arabes ne peuvent donner ? Les Arabes savent-ils s'ils préfèrent payer un certain prix ou bien, en refusant toute concession, contraindre les Israéliens à jouer les impérialistes ?

Les Arabes ont deux moyens d'action principaux : l'un économique, l'autre politico-militaire. Si tous les États arabes concluaient une véritable alliance et agissaient en commun, l'embargo sur le pétrole gênerait les Occidentaux. L'arme est à double tranchant. Les États producteurs se ruineraient eux-mêmes sans ébranler l'État « Impérialiste » le plus puissant, les États-Unis. La Grande-Bretagne serait frappée le plus durement par le retrait des fonds des pays arabes ou par la nationalisation des compagnies pétrolières. Israël ne serait pas atteint. Les coups portés aux Occidentaux n'amèneraient pas les États-Unis à contraindre Israël à évacuer, sans contrepartie, les territoires occupés.

L'arme politico-militaire serait la guérilla. Les raids de fedayins ont été à l'origine de la crise de 1956, ceux des commandos venus de Syrie à l'origine de la crise de 1967. Les lignes actuelles de démarcation rendent plus difficiles les incursions des terroristes venus de l'extérieur. La résistance passive à Jérusalem et en Cisjordanie pourrait se transformer un jour ou l'autre en résistance active.

Les Israéliens ne craignent pas une telle éventualité. Ils se croient capables de maintenir l'ordre en toutes circonstances. Je me garderai, sur ce point, d'exprimer une opinion. Mais, une fois encore, comment ne pas redouter le cycle infernal de la violence où les uns et les autres s'exposent au danger de perdre et la vie et leur raison de vivre ?

*
*   *

La guerre de Six Jours n'a été qu'une péripétie du conflit prolongé qu'a ouvert la création de l'État d'Israël. Sur ce point, Israël et les Arabes s'accordent — ce qui rend d'autant plus malaisée toute solution, même temporaire : les premiers ne feraient pas encore confiance à la volonté de paix des seconds le jour où ils arracheraient la reconnaissance qu'ils réclament vainement depuis 1948. Or la recherche de la sécurité militaire à tout prix comporte en elle-même contradictions et malédiction. En un univers de violence il n'y a pas de sécurité absolue. La sécurité de l'un entraîne l'insécurité de l'autre et tous connaîtraient le martyre de Sisyphe.

Au cours de la phase prochaine, le conflit devrait se dérouler sur le terrain de la diplomatie et de l'économie. Mais, s'il se prolonge, il risque de prendre, un jour ou l'autre, une dimension nouvelle : au-dessus des armes classiques, il y a les armes atomiques et les engins balistiques ; au-dessous, les bombes ou les mitraillettes des partisans.

Intervention des grands ?[1]

Une analyse moins incomplète de la conjoncture au Moyen-Orient aurait exigé une enquête à Moscou, à Washington et dans les capitales arabes. Les volontés, les ambitions ou les rêves des Israéliens ne forment qu'un élément d'un des puzzles diplomatiques les plus complexes de l'après-guerre.

Il se trouve pourtant qu'à court terme le Moyen-Orient constitue un système relativement autonome du fait que les grandes puissances s'y paralysent réciproquement. Aussi certains Israéliens, uniquement soucieux de la menace qui pèse sur eux et conscients de leur force, deviennent-ils presque indifférents aux délibérations des Nations Unies et aux jugements du monde, convaincus à la fois que leur sécurité dépend avant tout d'eux-mêmes et que la protection des États-Unis leur est de toute manière acquise.

Ces deux propositions furent confirmées par l'expérience en juin 1967, sans pour autant que la vérité en soit définitive.

*

* *

Les Israéliens ne craignent pas une pression américaine qui les obligerait à des concessions majeures. Durant les semaines qui précédèrent les hostilités, le souvenir de la politique d'Eisenhower en 1956 pesait sur les délibérations des ministres ; il explique pour une part les hésitations du gouvernement. En fait, la situation apparaissait en 1967 tout autre qu'en 1956 : pas de collusion, cette fois, avec des puissances extérieures au Moyen-Orient, France et Grande-Bretagne, qui se battaient, elles, pour des intérêts, non pour leur vie.

La guerre aurait-elle eu lieu si Israël n'avait pas attaqué le premier ? En tout cas, Égyptiens, Syriens, Jordaniens, Irakiens avaient multiplié les provocations. Dans ses frontières de 1949, Israël ne pouvait, sans risque de mort, laisser à ses voisins l'initiative des opérations, le choix du moment et du terrain.

Le président Nasser dans ses discours, tout en dénonçant *l'agression israélienne*, a reconnu qu'il avait défié l'ennemi en fermant le détroit de Tiran, en massant ses forces dans le Sinaï, en se réconciliant de manière spectaculaire avec le roi Hussein qui mettait ses troupes sous commandement égyptien, alors même que les divisions irakiennes entraient en Jordanie.

En 1967, l'opinion, aux États-Unis et aussi en Europe occidentale, fut massivement favorable à la cause israélienne. En Europe orientale même, beaucoup, et non pas seulement des Juifs, en Pologne, en Tchécoslovaquie, en Union soviétique souhaitaient la victoire d'Israël en dépit des positions prises par les gouvernements du camp socialiste.

L'opinion est changeante. Israël ne figure plus David face à Goliath. Ce sont les Arabes qu'a frappés le malheur et qui connaissent la pire souffrance, celle de l'humiliation collective. La versatilité de l'opinion importe moins que celle des chancelleries. États-Unis et Union soviétique se sont mis d'accord en juin 1967 pour ne pas intervenir directement, donc pour limiter le conflit d'abord, l'arrêter ensuite. Se mettront-ils d'accord pour imposer une solution ?

*
*   *

Le général de Gaulle aurait dit au ministre des Affaires étrangères d'Israël qu'aucun règlement au Moyen-Orient n'était possible sans la participation de Moscou.

Cette analyse surprend les Israéliens sans les persuader. Bien entendu, si l'Union soviétique avait changé soudain d'attitude et accepté l'existence d'Israël dans les frontières de 1949, peut-être l'action commune des deux Grands aurait-elle forcé Arabes et Israéliens à subir des conditions de paix que les uns et les autres rejettent également. Mais les propos tenus en privé par les diplomates d'Europe orientale, avant la guerre de six jours, ne suggéraient rien de pareil. Il était question d'un retour au plan de partage de 1947 que les Israéliens avaient accepté à l'époque et les Arabes repoussé, mais qui, dans les circonstances actuelles, n'a plus qu'un intérêt historique.

La formule d'une « concertation des grandes puissances » appartient au monde d'avant 1914. En aucun cas depuis 1945, les deux ou les quatre Grands ou les Nations Unies n'ont pu aller au fond des choses. Qu'il s'agisse de la Corée, du Cachemire ou de Berlin, les problèmes mûrissent ou pourrissent, ils ne sont pas résolus par le « concert mondial ».

*
*   *

La diplomatie des États-Unis s'est prononcée contre le retour pur et simple à la situation de mai 1967. Elle n'a pas défini concrètement les modalités du règlement souhaité, ni les limites qu'elle fixerait éventuellement à l'extension du territoire israélien. Elle désire manifestement reprendre les relations économiques et politiques avec les États arabes de régime traditionnel, producteurs de pétrole. Elle souhaite même détourner le président Nasser d'un engagement définitif dans le camp socialiste. Mais, aussi longtemps que les pays arabes ne choisissent pas entre l'armistice et la guerre, elle se garde d'intervenir activement ou d'exercer une pression sur Israël. À Washington, le mot d'ordre semble être encore : il est urgent d'attendre. Peut-être, après tout, un des États voisins d'Israël se décidera-t-il à traiter.

Les États-Unis, sans aucun doute, envisagent d'associer l'Union soviétique à un règlement négocié afin de renforcer le parti des *colombes* au Kremlin, afin de symboliser la persistance de la coexistence pacifique en dépit de la guerre du Vietnam. La collusion américano-soviétique ira-t-elle jusqu'à dicter aux uns et aux autres les conditions de la paix ? Je ne le pense pas. L'Union Soviétique porte une part de responsabilité dans les événements de juin 1967. Nul ne sait ce que M. Gromyko a dit au président Nasser en mars 1967 au cours de sa visite au Caire. Mais deux faits subsistent : des envois d'armes considérables, l'information mensongère de concentration de troupes israéliennes à la frontière de Syrie et le refus opposé par l'ambassadeur soviétique à l'offre que lui fit M. Levi Eshkol d'une inspection sur le terrain.

La diplomatie soviétique jugeait probablement le régime syrien en péril après la bataille aérienne du 7 avril dans laquelle six *Mig* syriens avaient été abattus. La concentration de troupes égyptiennes dans le Sinaï, après l'accord de défense syro-égyptien, avait en tout cas pour fin de dissuader le gouvernement de Jérusalem d'autres actions de représailles. Les spécialistes israéliens continuent pourtant à hésiter entre deux interprétations : ou bien un plan visant à consolider les régimes pro-soviétiques en Syrie et en Égypte avant les troubles qui suivront inévitablement l'abandon par les Britanniques de leurs dernières possessions en Arabie du Sud, ou bien une succession de mouvements plus ou moins improvisés en réponse à des conjonctures mal connues. Les deux interprétations se rejoignent sur un point : les Russes n'avaient ni voulu le déclenchement des hostilités ni approuvé à l'avance les décisions aventureuses du président Nasser.

Les positions soviétiques dans les pays arabes sont provisoirement maintenues ou consolidées. Mais à notre époque l'expansion de la puissance politique entraîne d'ordinaire un accroissement des charges économiques. La grandeur coûte et ne rapporte pas. L'Égypte ne paie pas les *Mig* soviétiques aussi cher qu'Israël les *Mirage* français. Elle est encore moins capable aujourd'hui de payer ses dettes ou ses armes. Le but de Moscou est évidemment « d'effacer les traces de l'agression israélienne » d'obtenir l'évacuation des territoires occupés sans dépenses excessives, sans risques renouvelés. Les hommes du Kremlin peuvent à la rigueur compter sur Washington pour modérer les ambitions israéliennes, pour interdire des annexions qui feraient perdre la face à l'Union Soviétique. Rien de plus. La collusion russo-américaine ne deviendrait peut-être effective qu'après une conversion de la diplomatie arabe, conversion que les Israéliens espèrent et redoutent tout à la fois.

*

*　*

Quant à la France, dont l'opinion a été pro-israélienne et dont le gouvernement est apparu pro-arabe, elle a gardé, grâce à cette division spontanée du travail, des sympathies dans les deux camps. Mais, d'ici à la fin de l'année, le président de la République devra prendre une décision grave : lever ou non l'embargo sur les avions déjà commandés et payés par Israël. Si l'embargo n'est pas levé rapidement, Israël renoncera, la mort dans l'âme, à ses relations spéciales avec l'industrie française d'armement. (Pour les Israéliens les avions français sont les meilleurs du monde.) Du même coup, il perdrait la marge étroite de manœuvre par rapport aux États-Unis que lui assurait l'amitié de la France. Un pays de plus serait entièrement livré à « l'hégémonie américaine ».

La France n'a joué en apparence qu'un rôle mineur dans le déroulement de la crise. Pourtant un des hommes les plus célèbres d'Israël me disait que le président Nasser n'aurait pas décrété le blocus du golfe d'Akaba s'il n'avait pas cru avoir le soutien de la France. Comme j'exprimais quelque scepticisme, il me répondit : « Ce n'est pas une opinion, c'est une information ».

*

*　*

Aux Nations Unies, l'Union Soviétique a cherché le concours de la France pour rallier à ses thèses les pays francophones d'Afrique noire. C'est avec les États-Unis qu'elle a rédigé une motion commune et cherché un règlement. La France, aujourd'hui pays neutre, fournit des officiers à la commission chargée de garantir le respect du cessez-le-feu.

Ces articles reflètent imparfaitement l'état d'esprit de la plupart des Israéliens. Ceux-ci ne sont pas enivrés par leur victoire, mais ils ont bonne conscience et ils éprouvent moins de doute ou d'inquiétude que leurs amis. Convaincus de s'être battus pour sauver leur existence, ils sont revenus pour la plupart à leurs occupations pacifiques, au dedans et au dehors, quitte au premier appel, à reprendre l'uniforme et les armes. Le gouvernement n'a pas une politique une fois pour toutes définie, il a une stratégie. Aux Arabes, à la Jordanie avant tout de décider entre la guerre et la paix. Et peut-être ni le roi Hussein ni le président Nasser ne sont-ils plus assez forts pour choisir.

Que peut le témoin de bonne volonté, qui n'oublie pas le tort fait aux Arabes par la création de l'État d'Israël mais convaincu que la destruction de cet État serait aujourd'hui un crime inexpiable ? Aussi longtemps que les États arabes se donnent pour but la destruction d'Israël, même s'il s'agit d'un rêve plutôt que d'une volonté, comment rejeter les arguments de sécurité qu'invoquent à chaque occasion ministres et généraux, à Jérusalem et à Tel-Aviv ?

Lorsque mes interlocuteurs me forçaient, contre mon gré, à formuler une opinion, je les mettais en garde contre le piège que leur tend moins leur ennemi que l'Histoire.

À la longue, il n'y aura pas de paix sans réconciliation. Celle-ci n'est pas pour demain, elle ne dépend pas des seuls Israéliens. Mais certaines décisions que permet la victoire en reculeraient encore la perspective, en tout état de cause lointaine.

L'O.N.U. dans la crise du Moyen-Orient[1]

Les historiens ne répugnent plus à écrire l'histoire du présent. Moins de cinq mois ont passé depuis la crise du Moyen-Orient et déjà des professeurs s'efforcent de la raconter objectivement. L'Institut des études stratégiques de Londres vient de publier sous la signature de Michael Howard et de Robert Hunter une étude qui permet de réviser certains jugements portés à l'époque et qui, sans apporter de révélations, fait le point de notre savoir et de notre ignorance.

Une première leçon se dégage, me semble-t-il, de l'analyse : la responsabilité du conflit incombe, pour l'essentiel, aux acteurs du « sous-système », aux États arabes et à Israël, non aux Nations Unies, aux États-Unis et à l'Union soviétique. Ni U Thant, ni MM. Kossyguine et Brejnev, ni le président Jonhson n'ont voulu la guerre, qu'ils n'ont pu empêcher.

La plupart des Occidentaux, le président des États-Unis lui-même ont critiqué la conduite de U Thant. La documentation, aujourd'hui disponible, m'a convaincu de l'injustice que j'ai commise avec beaucoup d'autres. U Thant pouvait malaisément adopter une autre ligne de conduite. Même une action différente, dans le style de M. Hammarskjöld, n'aurait probablement pas détourné le cours des événements.

Au soir du 16 mai, le général Rikhye, commandant les Casques bleus, reçoit un message du général égyptien Fawzy demandant aux troupes des Nations Unies de se retirer des frontières. Bien plus, le commandant égyptien formule verbalement une autre exigence : l'évacuation immédiate des deux postes-clés d'El-Salha, sur la frontière du Sinaï, et de Charm-El-Cheik, sur le détroit de Tiran. On ne sait, aujourd'hui encore, qui avait pris l'initiative de cette dernière exigence, le général Fawzy ou le président Nasser lui-même. Le général Rikhye rejeta la requête égyptienne en arguant qu'elle devait être adressée au secrétaire général des Nations Unies.

Le lendemain, 17 mai, en fin de matinée, les Égyptiens demandent, une deuxième fois, le retrait des Casques bleus et, une deuxième fois, le général indien refuse. Au matin du 18 mai, les troupes égyptiennes obligent le contingent yougoslave à évacuer ses positions à El-Amr et à El-Kuntilla. À midi, le commandant du poste de Charm-El-Cheik reçoit et rejette un ultimatum de quinze minutes. Dans la nuit du 18 au 19 mai, le secrétaire général des Nations Unies donne l'ordre d'évacuation générale au général Rikhye.

Que s'était-il passé, pendant ce temps, à New York ? Dès que M. Thant eut connaissance de la démarche égyptienne, le 16 mai au soir, il prit contact avec M. El Kony, le représentant permanent de la République arabe unie à l'O.N.U. Ce dernier affirma tout ignorer de l'affaire. Selon le secrétaire général, un retrait, partiel ou temporaire, des forces de l'O.N.U., de tout ou partie des frontières, n'était pas admissible, puisque ces forces avaient pour tâche de prévenir les combats et qu'elles ne pouvaient assister passivement à une reprise des hostilités. En revanche si le gouvernement égyptien demandait officiellement le retrait des Casques bleus, l'organisation internationale accéderait à la demande. Le stationnement des forces des Nations Unies sur le territoire d'un État souverain suppose le consentement de celui-ci. La R.A.U. avait le droit de retirer le consentement accordé en 1957.

Le 17 mai, le secrétaire général des Nations Unies consulta les représentants des pays qui fournissaient des contingents à l'armée internationale. Les représentants de l'Inde et de la Yougoslavie soutinrent la thèse égyptienne ; le représentant du Canada adopta une position différente ; il prédit, avec clairvoyance, les conséquences probables de la décision et plaida en faveur d'une action dilatoire : avant tout, gagner du temps. Le 18 mai, la demande officielle d'évacuation présentée par l'Égypte parvenait à New York. Le Comité consultatif des « forces expéditionnaires des Nations Unies » (U.N.E.F.) se rallia à l'opinion des représentants de l'Inde et de la Yougoslavie, cependant que le représentant du Canada, soutenu par celui du Danemark, suggérait vainement, une fois de plus, de soumettre le problème au Conseil de sécurité.

Tels sont les faits ; sur le terrain, les Égyptiens avaient créé *un fait accompli*. À New York, les pays les plus directement concernés, Inde et Yougoslavie, en raison même de leurs liens avec la R.A.U., pressaient le secrétaire général de donner l'ordre d'évacuation. Ainsi les amis du président Nasser, le maréchal Tito et Mme Nehru, mirent en marche la machine infernale dont l'explosion allait ravager la région. La clairvoyance des Canadiens aurait mieux servi la cause de la paix et celle même de la République arabe unie.

U Thant, malgré tout, aurait probablement gagné un jour ou deux en convoquant le Conseil de sécurité avant d'ordonner l'évacuation. Le Conseil aurait été, inévitablement, paralysé par les désaccords entre les Grands, l'Union soviétique plaidant la cause égyptienne, difficilement contestable sur le plan juridique. Pendant les délibérations du Conseil, le président des États-Unis aurait-il réussi à dissuader le président Nasser de la décision fatale, la fermeture du détroit de Tiran ?

Le président Johnson redoutait avant tout un deuxième Vietnam. En théorie, il aurait pu et dû rappeler au président Nasser les engagements solennels contractés par le gouvernement des États-Unis en 1957, au moment où les troupes d'Israël évacuèrent Charm-El-Cheik. Il aurait pu et dû lui faire comprendre la gravité d'une décision qui, d'un coup, ébranlait l'équilibre précaire maintenu depuis dix ans. Dans les circonstances concrètes de mai 1967, le président américain fut pris de vitesse par les événements.

Le 22 mai, le président Nasser annonça le blocus du détroit de Tiran. À la fin du mois, le problème d'Akaba était dépassé à son tour : alliance entre la Jordanie et la R.A.U., entrée des troupes irakiennes en Jordanie, deux nouveaux *casus belli* s'étaient ajoutés au premier.

La crise — la propagande arabe n'en faisait pas mystère — remettait en cause l'existence même de l'État d'Israël.

Que reste-t-il à savoir ? Quand et pourquoi le président Nasser, après plusieurs années de prudence, décréta le blocus du golfe d'Akaba, défiant d'un seul coup non pas seulement Israël mais les États-Unis et la Grande-Bretagne. À partir du 22 mai, comme à partir de l'ultimatum autrichien à la Serbie en juillet 1914, la crise diplomatique se développa selon la logique impitoyable de la politique de puissance : menaces et contre-menaces, escalade des mesures de sécurité et amplification des enjeux, mobilisation « qui n'est pas la guerre ».

Il demeure surprenant, aujourd'hui encore, que l'attaque israélienne ait bénéficié de l'effet de surprise, alors que, le 26 mai, M. Mohammed Hasanein Haikal, ami du président Nasser, avait écrit : « Donc il ne s'agit plus du golfe d'Akaba mais de quelque chose de plus important : la philosophie israélienne de la sécurité. C'est pourquoi je dis qu'Israël doit attaquer. »

L'O.N.U. et la crise du Moyen-Orient

La diplomatie du qui perd gagne

Les Occidentaux[1] ont critiqué U Thant pour n'avoir pas empêché une guerre gagnée par les Israéliens. Les Soviétiques ne l'ont pas critiqué, en dépit de la défaite arabe. Les amis de Nasser, Yougoslaves et Indiens, soutinrent les thèses du président de la R.A.U. dans les couloirs de l'O.N.U., alors que les représentants des États neutres, ceux du Canada ou du Danemark, s'efforçaient de désamorcer la bombe. Faut-il dire, une fois de plus : méfiez-vous de vos amis ?

Il n'y a pas lieu de s'étonner que les préférences du maréchal Tito ou de Mme Nehru se soient manifestées aux Nations Unies. L'Organisation rassemble des États souverains qui y témoignent souvent de la partialité, voire du cynisme, caractéristique des « monstres froids ». Ce qui reste non pas inexplicable, mais mystérieux, c'est que l'Union soviétique, l'Inde, la Yougoslavie n'aient pas prévu, comme le firent les diplomates canadiens, la suite des événements, de la fermeture du golfe d'Akaba à l'attaque israélienne du 5 juin. Car le blocus du détroit de Tiran rendait au moins probable une guerre que le gouvernement de l'Inde, qui fait profession de pacifisme, aurait dû s'employer par tous les moyens à prévenir et que le gouvernement de Moscou, décidé à ne pas intervenir directement, en cas d'hostilités, aurait dû, lui aussi, redouter.

Sur quoi a porté l'erreur des dirigeants du Kremlin ? Sur la dynamique de la crise ou sur le rapport des forces, je ne sais. Les faits demeurent : la diplomatie soviétique, après avoir, semble-t-il, incité le président Nasser à une démonstration de force pour dissuader Israël d'une action punitive contre la Syrie, perdit le contrôle des événements. Prisonnière de son protégé, elle ne put ou ne voulut pas l'arrêter. Avant le 5 juin, elle apporta au président Nasser un soutien verbal et moral sans réticence ; au matin du 5 juin, le téléphone rouge fonctionnait : Russes et Américains échangeaient en privé des assurances de neutralité. Le lendemain, ils recommençaient à échanger en public injures et invectives. Les délégués soviétiques commirent même l'erreur de retarder le cessez-le-feu en exigeant le retrait préalable des troupes israéliennes. Ils ne se résignèrent au cessez-le-feu inconditionnel qu'au bout de deux jours, lorsque les défaites arabes, devenues évidentes, les convainquirent que le délai favorisait les Israéliens. Une fois de plus, le lundi, les amis du président Nasser agirent contre les intérêts de ce dernier.

Les règles actuelles du jeu diplomatique, le mélange de propagande idéologique et d'entente limitée et secrète entre les deux Grands rendent intelligible la conduite de tous les acteurs, petits et grands. Mais, si l'on prend quelque distance, l'impression d'absurdité domine. Les mêmes dirigeants soviétiques qui ne *pouvaient* pas désavouer le président Nasser, quand celui-ci créait le *casus belli*, ne *voulaient* pas prendre le moindre risque à la minute de vérité.

Les mêmes dirigeants yougoslaves et indiens, dont les sympathies allaient aux Arabes, manquaient de clairvoyance ou de courage pour intervenir alors que le langage des armes n'avait pas encore étouffé celui de la raison. Peut-être les États agissent-ils toujours par intérêt : ils ne sont certes pas toujours bons juges de leurs intérêts.

Le maréchal Tito aurait aidé la R.A.U., au mois de mai dernier, en conseillant au secrétaire général des Nations Unies de ne pas retirer immédiatement les Casques Bleus, en persuadant le président Nasser de ne pas prendre la décision fatale du blocus du détroit de

Tiran. Mais, ayant, au printemps, montré le même aveuglement ou la même ignorance que les autres acteurs, il se donne, au cours de l'été, un nouveau rôle, bouffon plutôt que dramatique. Il va rétablir la paix au Moyen-Orient, sans causer avec les hommes d'État israéliens.

*
* *

Aux Nations Unies, la même comédie qui précipita l'explosion va être jouée une nouvelle fois. Les représentants de quelques dizaines d'États plaideront en faveur des thèses arabes sans s'interroger sur les moyens d'action efficaces. Seules les conversations dans la coulisse exerceront une influence appréciable.

Les Soviétiques montrent plus d'impatience que les Américains d'aboutir à un règlement, qui permettrait la réouverture du canal de Suez (qu'empruntaient les cargos à destination du Nord-Vietnam), mais ils ne peuvent obliger le président égyptien à capituler ni convaincre les Américains de contraindre les Israéliens à des concessions. En dehors d'eux, Britanniques et Égyptiens sont les seuls que la fermeture du canal frappe durement. Or, les Israéliens, en dépit de menaces de terrorisme, veulent obtenir, cette fois, non un armistice mais la paix. Et la paix suppose, au-delà des négociations directes entre Israël et ses voisins, des frontières acceptées par tous et un plan à long terme offrant un espoir de vie aux réfugiés palestiniens.

*
* *

Invectives contre Israël, plaidoyers pour les thèses arabes, demande du retour inconditionnel des troupes israéliennes sur leurs positions antérieures au 5 juin, toutes ces déclarations, personne ne l'ignore, appartiennent à cette pseudo-diplomatie qui se déroule dans le pseudo-parlement mondial. Que va-t-il se passer dans les coulisses du théâtre ? Du 16 mai au 5 juin 1967, les amis des Arabes ont joué à qui perd gagne. Ils ont créé une conjoncture dans laquelle les Israéliens, prenant l'initiative des hostilités, ont bénéficié d'un appui populaire, même dans les pays dont les gouvernements les dénonçaient comme agresseurs. Aujourd'hui, qui sert le mieux les intérêts véritables et durables d'Israël, celui qui travaille au maintien du *statu quo* ou celui qui prépare dans l'ombre un règlement, au moins provisoire ?

Autant que l'on puisse prévoir l'avenir, les États arabes ne tenteront pas une quatrième épreuve de force selon le style et avec les armes de 1948, 1956 et 1967 : chars d'assaut, aviation, désert, armes modernes et champs de bataille assurent à l'État de civilisation moderne un avantage décisif. Que la frontière entre Israël et la Jordanie se situe ou non sur le Jourdain n'importe guère. Le danger pour l'existence future d'Israël, vient de la minorité arabe à l'intérieur de l'État, minorité inassimilable et peut-être demain révoltée.

Aux Arabes, Israël ne peut refuser la citoyenneté sans trahir ses principes, il ne peut la leur accorder sans compromettre son être même de nation hébraïque — contradiction d'autant plus déchirante que la minorité arabe deviendra plus nombreuse. Les Israéliens et leurs amis joueront-ils, eux aussi, à qui perd gagne ?

TROISIÈME PARTIE

AVANT LA CRISE

Les Juifs[1]

Faut-il en parler ? Il y a quelques semaines, comme par un coup de baguette magique, des croix gammées surgissaient, dessinées ou peintes sur les murs aux quatre coins de l'Europe ; des cimetières juifs et des synagogues étaient profanés. En réplique, des protestations indignées des gouvernants, de la presse, des associations vouées à la lutte contre le racisme se multipliaient. Mais bientôt les incidents tombaient dans l'oubli et, de nouveau, régnait le lourd silence de la mauvaise conscience.

Il est devenu presque aussi difficile pour un Juif que pour un non-Juif de s'exprimer franchement. Non-croyant un Juif, en quelque sorte déjudaïsé, risque d'offenser ceux de ses « coreligionnaires » demeurés fidèles à la Loi. Non-sioniste, il appelle le soupçon tour à tour d'excès ou de manque de sympathie pour Israël. Quant aux non-Juifs, l'extermination de six millions de Juifs par Hitler les paralyse. L'événement lui-même — l'organisation industrielle de la mise à mort de millions d'êtres sans défense — a frappé les consciences d'une sorte de traumatisme. Tout homme bien né se défend au fond de lui-même d'avoir eu la moindre responsabilité dans cette monstruosité. Nul n'ose avouer aux autres ou à soi-même un antisémitisme de salon. Même les disciples de Maurras n'exposent plus sans quelque réticence la doctrine du maître. Juifs et non-Juifs refoulent les souvenirs trop chargés d'émotion et s'en libèrent par la distraction.

Je n'ai pas l'ambition de traiter en quelques pages à la fois du passé et du présent des Juifs et des antisémites. Je voudrais seulement, en sociologue engagé, faire le point de la conjoncture. J'ai dit : « sociologue engagé ». Je tiens en effet à ces deux mots. En tant que professeur, journaliste ou écrivain, je suis de ceux qui n'aiment pas le « je », et l'emploient le moins possible. Ma vie, mes pensées intimes ne regardent personne : je me sens comptable de mes enseignements ou de mes écrits, des faits que j'observe ou des idées que je défends. Au-delà ou en-deçà, se dissimule le domaine réservé. Mais quand il s'agit des Juifs et de leur destin, je ne saurais feindre sans hypocrisie l'objectivité du spectateur pur. Mieux vaut confesser d'abord qui je suis. Le lecteur jugera, en connaissance de cause si, oui ou non, l'engagement de l'homme fausse les perspectives du sociologue.

J'appartiens à une famille juive, originaire de Lorraine, mes parents déjà n'étaient plus ni pratiquants ni croyants. Je n'ai guère reçu d'instruction religieuse, je compterais sur les doigts de la main le nombre des occasions où je fus conduit au temple durant mon enfance. J'ai reçu une culture française, sans empreinte visible de la tradition juive. Bien plus, le christianisme fut pour moi *la* religion, celle que me révélaient les philosophes que je lisais avec passion, celle à laquelle je me référais pour définir les droits et les exigences de la raison. J'appartiens donc à ces Juifs que Sartre, dans son essai, tient pour typiques, Juifs parce que le monde extérieur les déclare tels, qui assument leur judaïsme par dignité, mais qui ne l'éprouvent pas spontanément.

Pourtant, réfléchissons. Dans la mesure où je suis sorti de la communauté juive et où je me sens « Français comme les autres », sans attache avec mes « coreligionnaires », je pourrais récuser le jugement par lequel le milieu social me décrète juif. J'aurais tort, car la communauté à laquelle appartenaient encore mes grands-parents demeure toute proche. Quelle est la nature de cette communauté ? Nous en pourrons discuter, mais je dois reconnaître que je suis « d'origine juive » lors même que je refuse de dire de « religion juive ». Il va de soi qu'à partir de 1933 et de l'accession au pouvoir d'Hitler un Juif, même entièrement détaché de la foi de ses pères, ne pouvait pas ne pas revendiquer hautement une appartenance qui entraînait éventuellement quelque péril.

Juif « déjudaïsé » ou « assimilé », pour reprendre ces expressions banales, je n'exclus pas les interprétations théologiques du destin juif, mais je n'y souscris pas non plus. Ce destin ne me paraît pas plus inexplicable historiquement que celui de tout autre peuple. À quoi bon invoquer la colère ou la bienveillance de Dieu pour comprendre la survivance d'un groupe, farouchement attaché à son Dieu unique et à sa Loi, ou les persécutions que subirent ceux qui n'admettaient pas la divinité du Christ ? Les interprétations théologiques ne remplacent pas les interprétations historiques, elles se situent sur un plan auquel la raison n'accède pas.

Encore la théologie a-t-elle le devoir de ne pas inventer les faits pour les besoins de la cause. La *diaspora*, antérieure à la venue du Christ, ne peut être présentée comme la sanction divine de l'attitude adoptée par les Juifs (quels Juifs ?) à l'égard de celui que les Chrétiens aiment comme le fils de Dieu. Pas davantage la destruction du temple par Titus ne marque la fin de la communauté juive de Palestine.

Encore une fois, inévitablement, les Chrétiens, même ceux qui éprouvent le plus de sympathie pour les Juifs, comme Jacques Maritain, donnent un sens, dans l'histoire sacrée, aux souffrances du peuple élu, mais le sociologue ne peut pas s'interdire quelques réflexions moroses. Si les souffrances juives répondent à une volonté d'en haut, les hommes ne connaîtront-ils pas la tentation de concourir à l'accomplissement de cette volonté divine (comme les marxistes aident volontiers à la réalisation de la loi de l'histoire) ?

NI RACE NI PEUPLE

Qui sont les Bloch, Isaac, Cohen, Lévy ou Aron, identifiables à leur nom, qui se savent Juifs parce qu'ils ont appris l'histoire unique de leurs ancêtres, l'histoire unique de ceux que l'on appelle tour à tour une race ou un peuple et qui ne constituent, au sens strict du terme, ni une race ni un peuple ?

Les Juifs ne sont pas une race. Les anthropologues, ceux qui mesurent les crânes, qui analysent la composition sanguine, qui s'attachent aux traits physiques objectivement décelables, sont presque unanimes sur ce point. Les Juifs dispersés à travers le monde ne présentent aucune homogénéité. Au reste, il suffit d'avoir été en Israël pour constater que les Juifs venus d'Irak ressemblent aux Musulmans d'Irak bien plus qu'aux Juifs venus de Russie ou de France. J'ai rencontré à Bersheba un groupe de Juifs venus de l'Inde, indiscernables d'Indiens hindouistes. Nul ne les aurait confondus avec les vieux croyants à papillotes des villages polonais, ou avec les rudes gaillards — cuisses larges, cheveux blonds et yeux bleus — que j'avais vus dans les kibboutzim des frontières conduire le tracteur ou manier la mitraillette.

Ce que l'observation actuelle suggère, l'histoire le confirme. Les Juifs d'aujourd'hui ne descendent pas, pour la plupart, des Juifs de Palestine qui, après la destruction du royaume de Jérusalem, partirent à travers le monde. Dans les derniers siècles avant le Christ, dans les premiers siècles de notre ère, des communautés juives prospéraient sur le pourtour du bassin méditerranéen, composées de convertis au judaïsme autant que d'émigrants venus de Judée. Judaïsme et christianisme ont été, aux IIe et IIIe siècles de notre ère, des religions de prosélytisme, parentes et concurrentes. Les Gallo-Romains convertis au judaïsme ne différaient pas, racialement, des Gallo-Romains convertis au christianisme. Et je crois, pour mon compte, que la boutade de Léon Poliakof, si surprenante qu'elle puisse paraître à d'aucuns, n'est pas fausse. La formule quasi légendaire « nos ancêtres les Gaulois » a autant de chance de s'appliquer aux jeunes Juifs français qu'à leurs camarades chrétiens. L'ascendance de ces Juifs est européenne, non sémitique.

Les Juifs ne sont pas non plus « un peuple comme les autres », puisque, durant près de deux mille années, entre la destruction du royaume de Jérusalem et la création d'Israël, ils n'ont pas été politiquement organisés, ils n'ont pas créé un État. Pourtant, en dépit de la diversité du sort qui leur a été fait par le milieu, ils ne se sont jamais fondus dans les populations avec lesquelles ils vivaient.

Le terme que l'on emploie, *communauté juive*, suggère la destinée hors série : les Juifs avaient leur religion, leur foi, leurs mœurs, parfois leur langue (le yiddish) et leur culture propres. Peuple sans État, fidèles d'une religion qui commandait à l'existence entière, ils ont été tour à tour tolérés ou chassés, persécutés ou respectés. Tantôt, quand ils étaient accueillis, ils semblaient sur le point de perdre leurs particularités et de se confondre avec les Gentils. Tantôt, au contraire, rejetés par le monde environnant, ils développaient dans le ghetto un style singulier de croyances et de vie.

La condition des Juifs a varié selon les siècles et les civilisations. Considérons la seule condition des Juifs dans le monde chrétien. Or, sans trancher la controverse encore ouverte entre les historiens, sur l'existence d'un antisémitisme avant le Christ, comment contester que la question juive, telle qu'elle s'est posée en Europe dans les temps modernes, dérive d'un antisémitisme qui s'est développé au sein d'une civilisation imprégnée de christianisme ?

Les Chrétiens, en un sens, ne doivent pas être antisémites, en un autre sens ils inclinent à l'être. Le Christ est né du peuple hébreu. Religieusement, les papes l'ont proclamé, les chrétiens sont des Sémites, et l'antisémitisme qui se fonde sur une conception raciste, qui tient le peuple juif pour biologiquement inférieur, est incompatible avec l'adhésion à une Église chrétienne. Mais, en un autre sens, les Juifs restés fidèles à l'Ancien Testament n'ont pas reconnu le Messie dont les prophètes avaient annoncé la venue. Bien plus, ils l'ont mis à mort. Ainsi le peuple juif, dont le Christ est issu, devient le peuple déicide, le peuple coupable en tant que tel. Et les malheurs qui l'accablent, la destruction du temple, la dispersion, sont interprétés par maints docteurs chrétiens comme une punition divine pour le crime inexpiable.

Les historiens nient la responsabilité du peuple juif dans la crucifixion. Qu'on lise, sur ce sujet, *Jésus et Israël*, de Jules Isaac. Que l'on médite quelques-unes des propositions que l'historien s'est efforcé de démontrer : « Partout où Jésus a passé, partout sauf de rares exceptions, le peuple juif lui a fait un accueil enthousiaste au témoignage des Évangiles… On n'a pas le droit d'affirmer que le peuple juif a rejeté le Christ ou Messie, qu'il a rejeté le Fils de Dieu, avant d'avoir prouvé que Jésus s'est révélé comme tel au peuple juif pris dans sa masse et qu'il a été repoussé par lui comme tel... On prétend que le Christ aurait prononcé l'arrêt de condamnation et de déchéance du peuple juif. Et pourquoi donc, démentant son Évangile de pardon et d'amour, eût-il condamné son peuple, le seul auquel il ait voulu s'adresser, son peuple où il trouvait, avec des ennemis acharnés, des disciples fervents, des foules adorantes ? Il y a toutes les raisons de croire que le vrai condamné est le vrai coupable, un certain pharisaïsme qui est de tous les temps et de tous les peuples, de toutes les religions et de toutes les Églises... » Et je voudrais rappeler une phrase de Péguy citée par Jules Isaac : « Ce ne sont pas les Juifs qui ont crucifié Jésus-Christ, mais nos péchés à tous ; et les Juifs qui n'ont été que l'instrument participent comme les autres à la fontaine du salut. »

Je sais bien que maints théologiens ou historiens chrétiens discutent les propositions de Jules Isaac, je sais surtout qu'au regard d'un chrétien qui souscrirait à toutes les propositions d'Isaac, il demeure vrai que les Juifs « croyants » sont les « incrédules » qui nient la divinité du Christ. Lors même que « l'enseignement du mépris » disparaîtrait, Chrétiens et Juifs, en tant que croyants, resteraient adversaires, puisque ceux-ci rejettent le Nouveau Testament qui, aux yeux de ceux-là, accomplit la promesse de l'Ancien.

Qu'est-ce que cette querelle historico-théologique a de commun avec la question juive d'aujourd'hui ? nous demandera le lecteur sceptique. Hitler réunissait Juifs et Chrétiens dans la même haine. S'il avait gagné la guerre, il aurait, après l'extermination des Juifs, engagé la lutte contre l'Église chrétienne et, en particulier, l'Église catholique. Le petit commerçant qui exécrait les Juifs parce qu'il les confondait avec les propriétaires des grands magasins ignorait tout de la Passion et du peuple déicide. Je ne méconnais pas la distance, psychologique et historique, entre la rivalité du judaïsme et du christianisme, à la fin de l'empire romain, et les conflits sociaux d'aujourd'hui. Mais si l'on oublie cette opposition religieuse, on ne peut pas comprendre pourquoi et comment les

Juifs sont devenus à travers les siècles le bouc émissaire de sociétés chrétiennes, responsables de tous les malheurs et objet désigné au désir de vengeance ou d'expiation. Les premiers pogroms que consigne la chronique ont eu lieu dans l'année 1096, quelques mois après que le pape Urbain II eut prêché au Concile de Clermont-Ferrand la première croisade. En cette occasion, l'origine religieuse de l'antisémitisme ne prête pas au doute. Si les Croisés qu'enflamme l'amour du Christ mettent à mort les Juifs, hommes, femmes ou enfants, qui ne consentent pas au baptême, ce n'est ni par ressentiment, ni par goût du pillage. Ils allaient combattre les ennemis de Dieu en Orient : comment auraient-ils épargné « une race plus ennemie de Dieu que ne l'est aucune autre » ? Déjà au moment de ces massacres de Spire, de Worms, de Mayence, les plus sanglants et les plus systématiques, les Juifs cherchent et obtiennent souvent la protection des évêques contre des Croisés, qui croyaient agir en chrétiens lorsqu'ils se faisaient l'instrument de la colère de Dieu contre le peuple réprouvé.

La rivalité des religions fut à l'origine du sort étrange fait aux Juifs à travers les siècles. Ce sort étrange à son tour imprima sa marque sur les communautés juives, sur les manières d'être et de penser des Juifs. Obstinément fidèles à la Loi, d'autant plus fidèles que les sociétés environnantes les condamnaient ou les méprisaient, les Juifs étaient monothéistes avec intransigeance, assurés de l'alliance entre Dieu et son peuple, à la fois nationaux et universalistes, incapables en raison même de leur foi et plus encore de la réaction des Chrétiens à leur foi, de perdre leur identité, source à la fois de leur fierté et de leur malheur.

À partir de ces données initiales, se déploie la dialectique de la « situation juive » et de « l'être juif » que philosémites et antisémites ne cessent pas de commenter encore qu'en des termes opposés. Les Juifs des communautés urbaines, les Juifs du ghetto, les Juifs à qui sont interdits la propriété des terres ou le métier des armes ne peuvent pas ne pas présenter quelques traits sociaux et psychologiques qui les différencient des Gentils. Mais sont-ils ce qu'ils sont, inquiets, critiques, amers, commerçants, assoiffés d'absolu, révolutionnaires, avides d'argent, musiciens, que sais-je encore, à cause de la condition qui leur a été imposée pendant tant de siècles ou parce que leur hérédité même les prédispose à certaines activités, les dote de certaines qualités, les afflige de certains défauts ?

Arrêtons-nous un instant sur cette interrogation. Elle ne comporte évidemment pas de réponse catégorique. Il n'est pas impossible, malgré tout, de marquer quelques faits en eux-mêmes indiscutables.

Entre le grand banquier, le Juif de cour, et le rabbi ou le marchand forain, il y avait un intervalle presque aussi large qu'entre le pauvre et le riche, le paysan et le seigneur, dans les populations chrétiennes. Peut-on constater certains traits communs aux Juifs de cour et aux rabbis de village, au Juif d'Irak et à celui d'Avignon, traits communs qui donneraient une sorte de fondement à la représentation banale du caractère juif, de l'essence unique du peuple juif ? Peut-être ces traits communs existent-ils ailleurs que dans notre imagination. En tout cas, plusieurs circonstances permettent d'en rendre compte sans percer le mystère de l'histoire ou croire au miracle.

Les Juifs ont dû leur cohérence, leur capacité de survie, tout à la fois à l'intransigeance de leur foi en un Dieu unique et à l'hostilité intermittente, à l'opposition constante du monde environnant. La culture des communautés juives a été profondément influencée par celle des nations au milieu desquelles ils vivaient, mais la lecture de la Bible, les commentaires du Talmud, la formation intellectuelle due aux croyances et à la tradition laissaient leur marque sur les esprits. On attribuait ensuite au génie d'un peuple ce dont des circonstances multiples avaient favorisé le surgissement et le maintien.

N'allons pas trop loin pourtant ; peut-être les dons héréditaires ne sont-ils pas uniformément répandus à travers l'espèce humaine. Les Juifs, disent certains, sont doués pour la spéculation métaphysique, pour les mathématiques, pour le commerce, ils ne sont pas doués pour le métier des armes, pour l'agriculture ou pour les créations intuitives. Manifestement, on ne veut pas dire que tous les Juifs possèdent ces dons ou cette absence de dons, on veut dire, ou bien on devrait vouloir dire, que le nombre de ceux doués ou non doués pour ceci ou pour cela est proportionnellement plus élevé parmi les Juifs que parmi les non-Juifs. Une telle hypothèse, difficilement démontrable, n'est pas dictée par les faits, elle n'est pas non plus contredite par eux. À supposer que les dispositions dites juives soient pour une part héréditaires, l'expression visible de cette hérédité doit beaucoup aux conditions sociales dans lesquelles les Juifs ont vécu, aux idées et aux coutumes qui ont surgi et se sont cristallisées à travers les siècles. Devenus citoyens à part entière, citoyens comme les autres, jusqu'à quel point perdent-ils les singularités dont ils tirent parfois fierté, que les non-Juifs mettent tour à tour à leur crédit ou à leur passif ?

Nous voici arrivés à la situation présente. Au terme d'une expérience historique de libération plus ou moins complète qui avait duré un siècle environ pour l'ensemble de l'Europe, sensiblement moins dans la partie orientale du Vieux Continent, la furie hitlérienne s'est abattue sur tous les Juifs, orthodoxes ou incroyants, fidèles à la foi de leurs pères ou entièrement détachés. Il restait, en 1945, moins de 100 000 Juifs sur les 3 millions et demi qui vivaient en Pologne avant la guerre. En Allemagne, il y en avait quelque 800 000 quand Hitler arriva au pouvoir, beaucoup émigrèrent avant 1939. Aujourd'hui, on en compte quelque 20 000 à 30 000 dans la République fédérale. Les communautés juives établies depuis de longs siècles en Hollande, devenues partie intégrante de la nation sans perdre leur originalité, ont été entièrement exterminées. Environ un tiers des Juifs qui se trouvaient en France en 1940 périrent.

EST ET OUEST FACE À ISRAËL

À la suite de l'émigration juive vers la Palestine et des événements qui aboutirent à la fin du mandat britannique, l'État d'Israël fut créé en 1948. Le judaïsme mondial comporte désormais trois centres : Israël, État indépendant, par principe ouvert en permanence à tous les Juifs de la diaspora qui souhaitent s'établir en terre sainte ; les États-Unis qui comptent quelque 5 millions de Juifs, l'Union soviétique qui en compte quelque 3 millions.

À l'heure présente, un Juif doit se définir par une double prise de position : à l'égard de sa religion et de sa tradition, à l'égard d'Israël. Car l'existence d'Israël, bien loin de résoudre le problème juif, dans la mesure où ce problème comporte une solution, lui a donné une dimension supplémentaire.

En effet, un Français de religion juive accède légitimement une citoyenneté pleine et entière tout en gardant sa fidélité à la synagogue. Chacun de nous a une patrie *et* une religion, mais *nul ne saurait avoir deux patries.* Le Juif qui se sent politiquement loyal à Israël a l'obligation de mettre sa conduite en accord avec ses sentiments, c'est-à-dire d'émigrer vers la Terre Sainte. Entendons-nous bien : il est normal, probablement inévitable, que la plupart des Juifs aient pour l'œuvre de leurs « coreligionnaires » d'Israël sympathie, admiration, respect. Il serait surprenant qu'il en allât autrement et même, pour dire vrai, quelque peu choquant. Je me sens très loin des Juifs européens (il y en a) qui reprochent au fond d'eux-mêmes à Israël de donner, dans l'avenir, un argument nouveau à de possibles persécuteurs[2].

Mais je me sens tout aussi éloigné de ceux des Juifs d'Europe qui ne veulent pas devenir citoyens d'Israël et qui pourtant se croient tenus de prendre parti, en toutes circonstances, en faveur d'Israël. Comme la France a été, au cours des dernières années, en conflit quasi permanent avec le monde islamique, ce double loyalisme, à la France et à Israël, n'a pas créé de cas de conscience. Je connais bien un journaliste français d'origine juive qui, hostile à la campagne du Sinaï et à l'expédition franco-anglaise de Suez, s'entendit reprocher par la direction du journal son attitude : comment, vous, un Juif, vous nous laissez à nous la tâche de justifier Israël ! Il me fallut répondre que la citoyenneté ne se partage pas. Je ne me sens pas tenu d'approuver n'importe quelle décision de la diplomatie d'Israël.

En revanche, le Français d'origine juive me paraît revendiquer légitimement le droit de conserver sa foi et les éléments de la culture traditionnelle auxquels il est attaché. Pourquoi un Juif ne pourrait-il être bon Français ou bon Anglais qu'en perdant, par l'assimilation, les croyances et les pratiques de ses pères ? Seuls exigent cette aliénation, comme prix de la citoyenneté, les doctrinaires, avoués ou honteux, du totalitarisme. En Union soviétique, nous allons le voir, la condition du Juif semble, en tant que telle, une agression contre l'État. Rien de pareil dans les sociétés démocratiques de l'Occident.

Au reste, la déjudaïsation, au cours de la période libérale, s'est en fait accomplie plus rapidement que les orthodoxes ou même les simples croyants ne l'auraient souhaité. En France, en Allemagne, en Autriche, en Hongrie, les Juifs prirent une part active, souvent éminente, à la vie de l'esprit, aux créations de la science et de l'art. Leur contribution se voulait pleinement nationale, c'est-à-dire française en France, allemande en Allemagne. Au moment de la première guerre, les Juifs de France se sentaient Français et les Juifs d'Allemagne Allemands bien avant d'éprouver leur prétendue solidarité juive. Après 1933, j'ai connu des Juifs qui voyaient dans les émigrés qui fuyaient Hitler avant tout des Allemands.

Personnellement, si l'on me demandait quelle conclusion je tire de l'expérience du siècle libéral, je n'hésiterais pas : j'en tire la conclusion exactement opposée à celle de l'opinion la plus fréquente. Les communautés juives n'auraient pas résisté à la durée de cette expérience. Non pas que nombre de Juifs ne fussent probablement demeurés croyants et pratiquants, fidèles à la Bible et commentateurs du Talmud. Mais la plupart d'entre eux auraient été gagnés par la pensée rationaliste et critique.

De plus en plus ignorants de la tradition proprement judaïque, ils se seraient différenciés de moins en moins de leurs compatriotes, au moins de leurs compatriotes de même condition sociale et de même profession (il est trop facile d'opposer Léon Blum aux paysans bretons ou picards : Barrès ressemble-t-il tant aux paysans lorrains ?). Les Juifs peuvent devenir des « Français comme les autres » ou des « Allemands comme les autres », de même que, pris collectivement, ils deviennent, en Israël, une nation comme les autres.

Israël est un État démocratique et une nation laïque[3] État et nation créés par des hommes qui, pour la plupart, croyaient plus à la Bible qu'à Dieu. La première génération des pionniers d'Israël, venus de Russie et de Pologne, réagissait contre l'antisémitisme du milieu, à la manière de nationalistes modernes et non pas en lointains descendants de la civilisation syriaque pour employer le concept de l'historien anglais Arnold Toynbee. Ils aspiraient à une patrie parce que la population au milieu de laquelle ils vivaient leur refusait la possession de la patrie à laquelle aspiraient la plupart d'entre eux, la patrie du sol sur lequel ils vivaient et de la langue qu'ils parlaient.

État non théocratique que cimente une religion. État apparemment religieux dont les fondateurs ne croyaient pas tous à Dieu, Israël reste un permanent paradoxe. Est-ce une étape dans l'histoire sacrée, la reconstruction du temple, la preuve que Dieu n'abandonne pas son peuple et que la prophétie s'accomplit ? Pour la plupart, les orthodoxes ne savent trop quel sens donner à l'État d'Israël puisque celui-ci, épisode de l'histoire profane, n'annonce pas, avec le retour à Jérusalem, la fin de l'histoire et le salut de l'humanité enfin unie. Aussi certains d'entre eux marquent-ils quelque réticence à l'égard d'Israël parce que, soucieux du destin spirituel du judaïsme, ils craignent la dégradation d'une foi, à leurs yeux sublime, en un fanatisme politique.

Mais d'autres sentiments humains, trop humains, se mêlent à ces hésitations. Si souvent accusés d'être incapables de se battre (dans les premiers siècles de notre ère, avant la conversion de Constantin au christianisme, ils servaient en grand nombre dans les légions romaines !), les Juifs ne peuvent pas ne pas tirer quelque fierté des exploits militaires de l'armée israélienne. Un diplomate israélien, d'origine française, avec lequel je causais à Jérusalem de l'attitude des vieux croyants à l'égard du jeune État, me raconta un épisode dont il avait été le témoin, au cours de la guerre de libération. Les Juifs à papillotes qui appartenaient à un groupe auparavant hostile à la fondation de l'État ne purent s'empêcher, lorsqu'ils aperçurent le premier char d'assaut portant la cocarde ornée de l'étoile de David, de pleurer et de hurler de joie. Ainsi, à travers le monde, les commentateurs du Talmud hésitent entre le refus spirituel et l'enthousiasme quasi national.

Pour l'instant, la création d'Israël n'a pas modifié sensiblement la situation des Juifs en Europe occidentale et aux États-Unis. Israël a éveillé dans l'opinion française des sympathies qui se sont parfois égarées sur les Français d'origine juive. Le souvenir du grand massacre refoule l'expression ouverte d'une hostilité, dont les événements ont montré le possible et tragique aboutissement. L'accession à la présidence du Conseil de M. René Mayer ou de M. Mendès-France n'a pas provoqué de réactions comparables à celles qu'avait déchaînées, en 1936, la présidence de Léon Blum. L'impopularité qui n'épargne pas normalement les collaborateurs d'un grand homme frappe M. Michel Debré, mais on ne lui reproche pas, et l'on sait à peine, qu'il est petit-fils de rabbin.

Aux États-Unis, les Juifs, en majorité favorables à Israël, manifestent leur sympathie en souscrivant généreusement, chaque année, des millions de dollars. Une minorité se montre réticente ou hostile, soit par traditionalisme religieux, soit par crainte des répercussions que l'existence de l'État israélien pourrait avoir sur les Juifs de la diaspora. Plus faible encore est la minorité qui a renoncé à la citoyenneté américaine pour émigrer vers la Terre Sainte.

En revanche, de l'autre côté du rideau de fer, Israël et le sionisme sont devenus termes de mépris. Israël est dénoncé chaque jour comme un avant-poste de l'impérialisme américain bien que l'Union soviétique, en 1948, se soit hâtée de reconnaître le nouvel État. Le sionisme passe, en tant que tel, pour réactionnaire, forme de cosmopolitisme ou, tout au contraire, de nationalisme bourgeois. L'antisémitisme, conformément à la doctrine initiale du bolchevisme et de toutes les écoles socialistes (on n'a pas oublié la formule que l'on répétait volontiers dans les milieux socialistes, au début du siècle, « l'antisémitisme est le socialisme du pauvre ») demeure officiellement interdit ; dans leurs conversations avec des Occidentaux les dirigeants soviétiques ont affirmé avec force qu'ils détestaient et combattaient l'antisémitisme. À propos du procès des assassins en blouse blanche, M. Khrouchtchev lui-même déclara : « On a donné à cette affaire une coloration sioniste juive. C'est une machination de Béria. On les a accusés d'espionnage américain en leur qualité de sionistes, après avoir commencé par les accuser de sabotage médical contre Jdanov et autres. C'était une ineptie. Ce n'est d'ailleurs pas un Juif qui a soigné Jdanov, c'est le médecin Iégorov. » À propos d'Israël, voici la réponse de M. Khrouchtchev : « Nous ne favorisons pas les voyages en Israël… Nous sommes contre parce que Israël est sous la coupe des réactionnaires américains. Par conséquent il est facile de canaliser par Israël tout espionnage et provocation. Ce sont les restes de la guerre froide qui commandent notre attitude particulière envers Israël. Nous espérons que c'est provisoire et que cette attitude disparaîtra. »

De ces propos se dégagent trois éléments de la politique soviétique : condamnation officielle de l'antisémitisme, affirmation officielle de l'antisionisme et de l'hostilité à l'égard d'Israël, aveu du ton « antijuif » donné par Béria aux procès durant la dernière phase du stalinisme. Qu'en est-il en vérité ?

Un premier fait, aujourd'hui, n'est plus nié par personne. Entre 1948 et 1953, les Juifs furent, en Union soviétique, persécutés parce que Juifs, bien que, dans le langage du pouvoir, le mot employé fût celui de sioniste.

Durant les dernières années de la vie de Staline, « des dizaines de milliers de Juifs furent licenciés, arrêtés ou internés… la vague de persécution atteignit son apogée après le procès secret d'août 1952 dans l'arrestation des médecins du Kremlin. Le procès des médecins fixé au 13 mars 1953 devait fournir une justification à la déportation massive des Juifs en Sibérie et vers les régions arctiques, projetée par Staline ». (F. Fejtö : *Les Juifs et l'antisémitisme dans les pays communistes.*)

D'après Léon Leneman (*La Tragédie des Juifs en U.R.S.S.*)
Ilya Ehrenbourg aurait couronné une carrière cynique et sinistre
en témoignant au procès contre l'élite de l'*intelligentsia* juive.

Les Juifs aujourd'hui ne sont plus exposés à de pareils périls. Ils
semblent, d'après les témoignages, connaître la sécurité physique.
Ils ne se sentent pas pour autant traités sur un pied d'égalité. La
crise a pour origine le destin unique du judaïsme, ni une religion
comme les autres ni une nationalité comme les autres. Je me réfé-
rerai à un écrivain qui ne peut être suspect d'hostilité à l'égard
de l'Union soviétique, le professeur Hyman Lévy, mathématicien
anglais qui durant de longues années a été un communiste de
stricte obédience et qui a écrit un petit livre, *Jews and the National
question*. En Union soviétique, tous les citoyens appartiennent à
une nationalité, notée sur leur passeport. Les Juifs qu'ils vivent
à Moscou ou à Kiev, à Kharkov ou à Tiflis, au nord ou au sud, à
l'est ou à l'ouest, sont désignés comme Juifs et non comme Russes
ou Ukrainiens, Biélorussiens ou Géorgiens. Les Juifs constituent
donc, en Union soviétique, une nationalité « pas comme les autres »
puisque dispersée à travers les autres nationalités, elle n'a pas de
base territoriale.

Les dirigeants soviétiques ont imaginé, avec plus ou moins
de sérieux, une solution territoriale, équivalent, dans le monde
socialiste, d'Israël dans le monde occidental, la région autonome
du Birobidjan. L'expérience avorta. Dans le destin du judaïsme
soviétique, la région autonome du Birobidjan ne compte guère.

Il reste la contradiction essentielle. Nationalité dispersée, sans
base territoriale, les Juifs n'obtiennent pas les mêmes droits de
développer librement leur culture propre, leur langue, que les
autres nationalités.

Les autorités soviétiques prétendent que les Juifs eux-mêmes ne
veulent plus rien savoir de leurs traditions. Mais ces affirmations
semblent contredites par les témoignages multiples, par la manifes-
tation spontanée autour de l'ambassade d'Israël, par la propagande
officielle contre le sionisme, contre le nationalisme bourgeois. Les
Juifs d'Union soviétique se plaignent aujourd'hui des restrictions

imposées à leur culture en même temps que des discriminations qu'ils subissent dans toutes les républiques, partout étrangers de quelque manière. Ces discriminations, la pratique subtile du *numerus clausus*, varient selon les professions, les circonstances, les moments. Elles ont sans aucun doute provoqué une reprise de conscience judaïque chez de nombreux Juifs d'Union soviétique. En cas de liberté d'émigration, nombre d'entre eux partiraient pour Israël (les pourcentages avancés ici et là, 20 % par exemple, sont évidemment pure spéculation).

Personnellement, je n'arrive pas à m'étonner que le régime soviétique manifeste de l'hostilité aux Juifs en dépit du rôle joué par ceux-ci dans le mouvement des idées et des partis socialistes. Un État totalitaire qui veut embrasser l'être tout entier et le soumettre à une discipline idéologique se condamne à combattre cette minorité singulière qui n'abjure pas sa foi et qui demeure liée à des « coreligionnaires » au-delà des frontières. Dans un État totalitaire, les Juifs représentent un élément étranger parce que cosmopolite, aussi longtemps qu'ils ne se fondent pas dans la masse.

DE L'ANTISÉMITISME

Avant guerre, on comptait près de 5 millions de Juifs en Bulgarie, Tchécoslovaquie, Hongrie, Pologne, Roumanie ; on n'en comptait plus que 680 000 environ au lendemain de la guerre, quelque 375 000 en 1957. Les survivants d'Europe orientale sont irrémédiablement divisés : les uns sionistes, candidats à l'émigration en Israël (presque tous les Juifs de Bulgarie ont émigré en Israël immédiatement après la guerre), d'autres, fervents du communisme, aspirent à la « déjudaïsation » totale, à l'assimilation sans réserves ; d'autres encore voudraient demeurer Juifs et pourtant ne plus subir de discriminations dans le pays qui est le leur. En Pologne comme en Hongrie, quelques-uns ont figuré parmi les plus farouches et les plus ignobles des staliniens. D'autres, en Hongrie surtout, ont été au premier rang des révisionnistes et de la révolution de 1956. L'antisémitisme populaire s'est souvenu surtout du rôle de quelques Juifs dans les excès du stalinisme. En dépit des efforts du régime, il y eut en Pologne, après 1956, une recrudescence d'antisémitisme.

Peut-être le lecteur va-t-il, à ce point, m'interrompre : qu'est-ce enfin que l'antisémitisme, dont vous traitez implicitement dans cet article sans jamais le définir ? Répondons d'abord indirectement : un jugement négatif porté sur tel ou tel trait, intellectuel ou moral, des Juifs ne suffit pas encore à définir un antisémite. J'ouvre par exemple le petit livre d'André Siegfried *La Voie d'Israël*, et je lis. « Pessimiste, le Juif l'est aussi, singulièrement en ce qui concerne les sociétés où sa destinée le fait vivre. Par suite d'une sorte de dissociation intellectuelle, il sait juger celle-ci avec la lucidité froide d'un étranger. Rappellerons-nous à ce sujet un passage bien connu de Barrès, à propos de Pic de la Mirandole : « Les intelligences juives ont un caractère commun que chacun peut discerner chez les Israélites intéressants de son entourage. Ils manient les idées du même pouce qu'un banquier les valeurs. Elles ne semblent pas, comme c'est l'ordinaire, la formule où il signifient leurs appétits et les plus secrets mouvements de leurs êtres, mais les jetons qu'ils trient sur un marbre froid. » Pour le Juif en effet, qui critique la société où il vit, nous avons noté déjà qu'il ne la critique pas comme il ferait de sa mère, on discerne quelque chose d'implacable, de sans merci. Malgré tant d'apparences contraires, il n'est presque jamais un conservateur traditionaliste, bien plutôt à la vérité un révolutionnaire. S'il est conservateur, mais alors avec passion et non plus sur le marbre froid des échanges commerciaux, c'est dans sa propre tradition. » Peut-on dire que Bergson ou Simone Weil, Freud ou Einstein maniaient les idées du même pouce que les banquiers les valeurs ? Faut-il exclure Disraëli du conservatisme ou du judaïsme ? Malgré tout, nul n'accusera André Siegfried d'antisémitisme. Il est légitime de dresser un « portrait moral du Juif », en dépit des risques de cette psychologie incertaine lorsqu'elle tombe au niveau de la vulgarisation. Fatalement, le portrait comportera des traits déplaisants (plus ou moins nombreux, plus ou moins déplaisants selon les penchants du peintre).

Pas davantage je n'appellerai antisémites les auteurs, parfois juifs, Toynbee ou Simone Weil, qui interprètent à leur façon l'essence du peuple, de la religion ou de la culture judaïques. Fossiles de la civilisation syriaque, les Juifs, depuis quelque deux mille ans, semblent, d'après Arnold Toynbee, n'avoir plus rien créé, et ils seraient les initiateurs du fanatisme politico-religieux. De même, Simone Weil mettait les Juifs du mauvais côté de la barricade, du côté des Romains conquérants, du côté de la raison d'État et du totalitarisme, alors que les Grecs et Jésus se situent du côté de la charité, du salut par la grâce, du côté des purs. Et F. Fejtö lui-même, revenu du communisme, écrit : « Tous nos nationalismes modernes, en ce qu'ils ont de borné, d'obstiné, en ce qu'ils sont incapables d'adhérer réellement à une idée supranationale, sont « juifs ». Et Fejtö ajoute que « les Juifs sont aussi les « ultras » de la chrétienté… Leurs mains sont vides, ils ne croient à rien, à rien. Ils sont comme aspirés par l'absolu ». Je l'avoue en toute humilité, je n'aime guère cet excès d'honneur ou cette indignité. L'humanité n'a besoin des Juifs ni pour découvrir le fanatisme politico-religieux ni pour sentir au fond d'elle-même la soif inextinguible de l'absolu.

J'aperçois pour mon compte trois sortes d'antisémitismes que j'appellerai *religieux, politique, affectif*. L'antisémitisme religieux, celui qui dénonce le peuple déicide, Jules Isaac y voyait, justement à mon sens, l'origine de tous les autres. Les chrétiens ont contribué à le répandre parce qu'à leurs yeux les Juifs, incrédules, n'ont pas reconnu le Christ et continuent d'adhérer à la Loi, bien que celle-ci soit depuis deux mille ans sauvée et dépassée par les Évangiles.

Politique est l'antisémitisme qui refuse aux Juifs l'égalité civique, la participation, pleine et entière, aux droits et obligations de la citoyenneté. L'antisémitisme d'État de Maurras appartenait à cette catégorie. Maurras n'aurait ni ordonné ni approuvé l'exécution en masse des Juifs[4], mais, selon sa doctrine, il aurait établi un *numerus clausus*, interdit aux Juifs l'exercice de certaines professions, l'accession à certaines fonctions.

Cet antisémitisme politique invoque divers arguments qui tous renvoient à « l'altérité » de l'être juif par rapport à l'être national (français ou allemand). Aux yeux de Maurras, qui n'était pas raciste, les Juifs représentent toujours un élément étranger dans le corps national. Les uns tiennent l'assimilation pour encore insuffisante mais non définitivement impossible, les autres la tiennent pour à jamais exclue, les uns dénoncent le cosmopolisme, d'autres le nationalisme étranger, d'autres enfin la bassesse, innée ou acquise, des Juifs en tant que tels.

Avec ces derniers, nous arrivons à l'*antisémitisme affectif*, la haine ou le mépris ressenti à l'égard des Juifs pris collectivement. Il va de soi que les causes les plus diverses peuvent déterminer ces sentiments. Les circonstances à l'origine de l'antisémitisme affectif de tel individu ou de tel groupe peuvent être en chaque cas étudiées. L'étude ne touche que les conditions extérieures d'un choix « existentiel », elle n'atteint que le stade ultime d'un phénomène séculaire : la mise hors le sort commun de communautés qui ne sont pas restées simplement religieuses et qui ne sont pas organisées politiquement.

Le racisme des hitlériens tenait à la fois de ces trois catégories. Mais une philosophie biologique transformait la haine en fureur homicide. Il ne suffisait plus à Hitler et aux siens de chasser les Juifs, comme l'auraient fait les antisémites par politique —, de les décrire sous des traits hideux, comme le font les antisémites par passion, il leur fallait les exterminer tels une espèce malfaisante — non parce qu'ils avaient crucifié le Messie, mais peut-être parce que le Christ était sorti de leur race.

Cet article, dans ma pensée, ne comporte pas de conclusion. Je m'en voudrais d'établir ou de prétendre établir la responsabilité des uns et des autres dans cette histoire tragique. Sur les contradictions de la conscience juive, sur le paradoxe des croyants qui aiment le Dieu de tous les hommes et se tiennent pour le peuple élu, tout a été dit, indéfiniment répété. Pour moi, je relis le *Traité théologico-politique* de Spinoza, je crois « que les nations se distinguent les unes des autres, je veux dire eu égard au régime

social et aux lois sous lesquelles elles vivent et se gouvernent »,
mais que « tous, tant les Gentils que les Juifs, ont vécu sous la
Loi, je parle de celle qui concerne seulement la vertu vraie, non de
celle qui est établie à l'égard de chaque État ». Je crois, plus que
jamais, que « à l'égard de l'entendement et de la vertu véritable,
aucune nation n'a été faite distincte d'une autre, ainsi il n'en est
pas une que Dieu, à cet égard, ait élue de préférence aux autres...
Aujourd'hui donc, les Juifs n'ont absolument rien à s'attribuer qui
doive les mettre au-dessus de toutes les nations ». Rien ajouterai-
je, sinon le malheur, rien non plus qui doive les mettre au-dessous
des autres nations.

Jamais je ne militerai dans les ligues contre l'antisémitisme. Ce
n'est pas à nous, Juifs, de vanter nos mérites ou de dénoncer ceux
qui ne nous aiment pas. À titre individuel, je revendique le droit
d'être Français sans trahir mes ancêtres, d'avoir une patrie sans
renoncer à ma religion, même si, en fait, je n'adhère plus à celle-ci.
Le reste ne dépend pas de moi, le reste ne dépend pas de nous.

À la fin de son essai sur la question juive, Jean-Paul Sartre
cite l'écrivain noir Richard Wright, qui disait : « Il n'y a pas de
problème noir aux États-Unis, il n'y a qu'un problème blanc. »
Jean-Paul Sartre ajoute : « Nous dirons de la même façon que
l'antisémitisme n'est pas un problème juif : c'est notre problème. »

Les Juifs et l'État d'Israël

Cet article était précédé, dans le *Figaro Littéraire* du 24 février 1962, de l'avertissement suivant :

« *Un éditeur américain m'avait demandé, il y a quelques mois, d'écrire un essai pour un recueil publié en hommage à la mémoire de C. Weiszmann, premier Président de la République d'Israël. J'avais accepté cette invitation sans dissimuler que mes opinions personnelles étaient fort éloignées de celles des sionistes, quelles que fussent mes sympathies pour l'État d'Israël. Récemment, l'éditeur américain m'informa que la conception du volume avait changé et que tous les essais traiteraient de la biographie du grand homme.*

Pierre Brisson a jugé que ce texte pourrait intéresser les lecteurs du Figaro Littéraire : *j'espère qu'il ne blessera aucun de mes « coreligionnaires ».*

Peut-on être juif hors de la terre promise à partir du moment où fleurit à nouveau un État d'Israël ? La question a été posée, il y a quelques mois, par M. Ben Gourion. Elle a été passionnément discutée, les tenants du oui et ceux du non ont emprunté généreusement aux sages du passé les citations favorables à leurs thèses respectives. Mais, au-delà des querelles scolastiques ou talmudiques, un fait ne prête pas au doute : les juifs de Babylone ne sont pas tous retournés en Palestine quand au début du VIe siècle avant notre ère (vers 520) le temple de Jérusalem, relevé de ses ruines, fut offert au culte de Yaveh. Peut-être les Juifs ont-ils à travers les siècles rêvé de la patrie perdue, peut-être ont-ils, d'ailleurs avec une force variable, aspiré à ce retour. Il n'a jamais été d'obligation religieuse pour un Juif de vivre en Palestine et de devenir citoyen de l'État qui, il y a plus de deux mille ans et depuis 1948, s'est reconstitué autour de Jérusalem.

Il ne m'appartient pas, à moi qui ne suis pas un croyant au sens ordinaire du terme, de prendre part à cette controverse. Mais la question posée par M. Ben Gourion, dépouillée de ses références bibliques, s'adresse à tous les Juifs. L'État d'Israël, État séculier, se veut semblable aux autres États de notre siècle, bien qu'il présente certains caractères qui le rendent unique entre tous. Le Juif français, anglais, américain doit-il se sentir attaché à l'État d'Israël comme à sa patrie ? Mais alors de quel droit revendiquerait-il en France, en Grande-Bretagne ou aux États-Unis les privilèges du citoyen ? Chacun peut aimer sa patrie et son Dieu, chacun peut appartenir à une communauté religieuse et à une unité politique. Mais nul ne peut revendiquer le droit à une double citoyenneté. La citoyenneté moderne comporte par essence l'obéissance aux commandements de l'État et avant tout aux obligations militaires. Je puis être un Français de religion juive, et ne puis être à la fois Français et Israélien. Quelle que soit la sympathie que j'éprouve à l'égard d'Israël, je ne dois pas me dissimuler qu'entre les intérêts nationaux de la France et ceux d'Israël, il n'existe pas d'harmonie préétablie. Si, pour éviter un conflit déchirant, je postule *a priori* que les intérêts de ces deux patries coïncident, je manque à mon devoir de Français, d'Anglais ou d'Américain. Car mon devoir de citoyen m'ordonne de ne pas apprécier « l'intérêt de ma patrie » en fonction *d'une* considération exclusive, de ne pas le subordonner à l'avance aux intérêts d'une autre unité politique. L'égoïsme national n'est pas sacré, mais les nations sont — et sont condamnées à être — égoïstes.

Vainement on objectera que les intérêts de ma patrie de la *diaspora* ne peuvent pas entrer en conflit avec les intérêts d'Israël parce que la France, la Grande-Bretagne ou les États-Unis manqueraient à leur vocation et me délieraient de mon serment de fidélité s'ils combattaient ou simplement abandonnaient Israël. Une telle objection ne vaut pas, elle use d'un sophisme : les relations entre unités politiquement souveraines ne se soumettent ni à des lois ni à des tribunaux. Nulle force de police n'est capable de discipliner des volontés de puissance spontanément rivales. Chaque État aspire à survivre et, pour survivre, doit être prêt, sinon à commettre, au moins à laisser commettre l'injustice. La France, en tant qu'unité politique, avec des ressources limitées, exposée à des dangers constants, n'a pas plus de devoirs à l'égard d'Israël qu'à l'égard de n'importe quel autre État. Je risque de me conduire en mauvais Français si j'use de mon influence pour convaincre mes compatriotes d'accorder à Israël un préjugé favorable. Ces sortes de spéculation paraîtront peut-être inactuelles ou inutiles, France et Israël étant depuis quelques années liées par une alliance non écrite, pour le meilleur et pour le pire. Mais cette situation peut aisément se renverser. Quand l'État d'Israël fut proclamé, le gouvernement français hésita d'abord à le reconnaître, par crainte des réactions des musulmans d'Afrique du Nord. L'alliance de fait avec Israël résulte aussi de la conjoncture d'Afrique du Nord. Il n'est pas impossible de concevoir, au-delà du conflit algérien, que le souci d'une réconciliation avec les pays musulmans d'Afrique du Nord détourne la France d'Israël.

Au reste, à quoi bon insister sur une évidence ? Le jour où les Sionistes ont décidé de devenir Israéliens, c'est-à-dire de créer un État national, de type séculier, ils ont du même coup rompu avec leurs « coreligionnaires » qui n'avaient ni le moyen ni le désir de les rejoindre en Palestine. Les Israéliens déclarent implicitement au moins que la communauté juive est d'essence et de vocation nationale alors que les Juifs de la diaspora maintiennent que cette communauté est d'essence religieuse ou culturelle et non de vocation nationale dans la mesure où l'idée nationale ne s'accomplit que dans et par l'indépendance étatique.

Certes, les communautés juives de la diaspora étaient divisées avant la constitution de l'État d'Israël. Il serait absurde d'imputer à celui-ci la responsabilité d'une fragmentation constitutive du fait même de la diaspora. De 1914 à 1918, les Juifs de France et ceux d'Allemagne ne se sont pas séparés de leur patrie d'adoption, ils se faisaient face des deux côtés de la ligne de feu, ils se combattaient sans hésitation et sans remords, « Français et Allemands comme les autres ». Mais il n'en allait pas autrement des catholiques et des protestants : eux aussi, dans les tranchées de Verdun, s'entretuaient bien que leur foi s'adressât au même Dieu d'amour et que des prêtres appartenant à la même Église fussent prêts à les assister en leurs derniers instants. Mais quand les Juifs français et les Juifs allemands se battaient, ils étaient d'un côté des soldats français et de l'autre des soldats allemands, d'aucun côté ils n'étaient, en tant que soldats, juifs. Si l'État d'Israël se trouvait en guerre avec un État qui comprend une minorité juive, des Juifs de la diaspora combattraient contre des Juifs, soldats en tant que juifs.

Cette éventualité, heureusement improbable dans les circonstances actuelles ou actuellement prévisibles, n'a pas d'autre objet que d'illustrer un possible déchirement ou, si l'on préfère, une situation extrême, et, du même coup, de poser le problème que n'importe quel Juif, croyant ou non, conscient de son judaïsme ou déjudaïsé, doit regarder en face. Que suis-je ? Que veux-je être par rapport à Israël ?

Si je regarde autour de moi, j'aperçois quatre « catégories » ou « types » de Juifs : 1) ceux qui adhèrent pour l'essentiel à la foi traditionnelle ; 2) ceux qui, sans croire au pacte d'alliance entre Dieu et son peuple, sans même croire en Dieu, demeurent attachés aux traditions et à la culture juives et en veulent sauvegarder l'originalité ; 3) ceux qui ont été « assimilés » par le milieu environnant au point qu'entièrement détachés de la communauté juive, ils ne connaissent plus la culture de cette communauté que de l'extérieur ; 4) enfin ceux qui sont ou veulent devenir israéliens et qui, curieusement, se recrutent aussi bien parmi les croyants que parmi les non-croyants encore attachés à la tradition ou même parmi les Juifs assimilés (quand une déception ou une crise d'antisémitisme les frappe brutalement). Que les Juifs qui aspirent à la nationalité israélienne ou l'ont obtenue, n'aient pas tous l'esprit religieux, le fait, incontestable, n'est pas surprenant. Quand le sionisme s'est répandu en Europe, à la fin du siècle dernier, il n'a pas été d'inspiration religieuse mais politique[1]. Choc en retour du nationalisme européen. Les fondateurs du sionisme croyaient plus au judaïsme qu'en Dieu. Ils ne justifiaient pas le foyer juif ou l'État juif par l'exigence religieuse du retour à la Terre promise. Ce n'est pas pour enrichir la prière qu'ils rêvaient de Jérusalem. Ce n'est pas le Temple qui enflammait leur imagination mais l'État. Des Juifs d'Europe ont voulu se donner un État. Et puisque les Russes, les Polonais ou même les Allemands et les Français refusaient de les accueillir comme des citoyens à part entière, ils construiraient une nation qui ne les traiterait jamais en intrus puisqu'elle serait juive. Historiquement, le nationalisme européen du xixe siècle a provoqué la naissance du sionisme, donc indirectement de l'État d'Israël. Cet événement doit-il être considéré comme une déviation du cours de l'histoire juive ? Ou comme l'accomplissement d'une antique promesse et d'une permanente vocation ?

*

*   *

La communauté juive est-elle ethnique, culturelle, religieuse ou nationale ? La réponse reflète inévitablement la complexité du réel, les équivoques des concepts et la singularité de l'expérience juive.

Ethniquement, l'unité juive est pour le moins imparfaite. Les communautés juives de l'Inde ou de la Chine avaient pour origine principale, selon toute probabilité, la conversion d'Indiens ou de Chinois et non l'immigration de Juifs de Palestine. Les études menées sur la fréquence comparée des groupes sanguins dans les différentes communautés juives, dans celles-ci et dans les populations environnantes n'aboutissent pas à des conclusions indiscutables, mais elles rendent au moins probable que les Juifs européens d'aujourd'hui ne descendent pas tous des Juifs palestiniens. Durant les premiers siècles de notre ère à l'Ouest, plus tardivement à l'Est, il y eut des conversions, individuelles ou massives, à la religion juive. Même si l'on admettait que la plupart des Juifs d'aujourd'hui, grâce à l'endogamie pratiquée ou imposée, descendent des Juifs de Palestine, il serait inexact de parler de race. Les Juifs ne constituent pas un groupe anthropologique distinct, comparable à ceux que les savants appellent une race. Il n'est pas exclu, mais pas non plus démontré, que certains gènes, entraînant certains traits physiques ou certaines prédispositions psychologiques, apparaissent avec plus de fréquence dans les populations juives que dans d'autres. Les particularités héréditaires, dont la réalité, encore une fois, n'est encore qu'une hypothèse, ne suffisent pas à constituer une unité ethnique et, moins encore, une conscience d'unité ethnique. Un Juif d'Europe n'éprouve nulle conscience d'unité ethnique avec un Juif yéménite (même lorsque l'un et l'autre sont citoyens de l'État d'Israël).

En revanche, les Juifs ont constitué des « communautés culturelles et religieuses », à plusieurs égards sans équivalent. En effet, ces communautés étaient toutes influencées, positivement ou négativement, par le milieu environnant, par la culture de la société au milieu de laquelle elles vivaient. Aussi ces communautés dispersées n'avaient-elles en commun que la religion (non sans variations secondaires des croyances et surtout des rites). Par rapport au milieu, les communautés juives constituaient plus et autre chose qu'une communauté religieuse. Les unes par rapport aux autres, elles n'avaient d'autres liens qu'une foi, fondée sur un Livre et ses commentaires. En l'absence d'une Église et d'une hiérarchie ecclésiastiques, les communautés juives dispersées ne vivaient pas la même histoire et n'avaient pas consciemment la volonté d'être une nation.

On ne saurait cependant affirmer que les Juifs soient restés, à travers les siècles, étrangers à l'idée nationale. Il est même possible d'écrire l'histoire du peuple juif en mettant au centre « la volonté des Juifs de maintenir une identité nationale ». Ainsi, dans son douzième tome de A study of history, Arnold Toynbee écrit[2] :

« Les Juifs peuvent être définis comme les héritiers et les représentants, conscients et volontaires, du peuple qui appartenait

au royaume de Juda détruit par le roi néo-babylonien Nabuchodonosor, dans la seconde décennie du VIᵉ siècle avant J.-C. Depuis
ce terrible désastre national, l'objectif suprême du peuple de Juda,
déporté à Babylone, et de ses descendants juifs a été de préserver
intacte leur identité *nationale* spécifique... Les observateurs,
qu'ils soient favorables ou hostiles, voient également dans ce fait
historique un exploit exceptionnel de fermeté ou d'obstination,
quel que soit le mot que l'observateur préfère employer. Cet
accomplissement n'a été possible que pour une seule raison : les
Juifs ont constamment subordonné tous leurs autres objectifs à
celui de préserver leur identité nationale. »

Ce texte, caractéristique, illustre le glissement d'une proposition de fait, en elle-même indiscutable, à une préserver intacte
leur identité *nationale*³ spécifique... Les interprétation qui pour le
moins prête à controverse. Que les Juifs aient, depuis 2 500 ans,
maintenu leur « identité », sans aucun doute. Qu'ils aient voulu la
maintenir, c'est une inférence très probable, la non-assimilation, sur
une durée aussi longue, ne pouvant s'expliquer exclusivement par
le refus (qui n'a pas été constant) du milieu. Quand cette identité
était-elle « nationale » ? Les Juifs étaient-ils un peuple, au même
titre que Français et Allemands en sont devenus un ?

Toynbee, en posant au point de départ que les Juifs sont « les
héritiers et représentants, conscients et volontaires, du peuple
du royaume de Juda, royaume détruit dans la seconde décennie
du VIᵉ siècle avant Jésus-Christ » se donne à lui-même le droit
d'appeler les Juifs un peuple et l'identité que les Juifs ont voulu
maintenir une « identité nationale ». Mais lui-même, d'une certaine
façon, dément sa propre interprétation puisqu'il constate, à bon
droit, que les Juifs ont régulièrement, au cours de ces vingt-cinq
siècles, préféré, en immense majorité, rester dans la *diaspora*.

« La vitalité de la diaspora juive et sa signification pour l'ensemble de l'humanité de probable « vague de l'avenir » ressortent
avec évidence du contraste entre le constant succès de la diaspora
dans sa volonté de survivre — en dépit des discriminations, des

persécutions, des massacres — et le caractère peu satisfaisant de toutes les tentatives effectuées jusqu'à aujourd'hui, depuis la captivité en Babylonie, pour rétablir un État juif sur le sol palestinien. La première de ces tentatives fut faite — avec la permission et l'assentiment de Cyrus, fondateur de l'empire des Achéménides — moins d'un demi-siècle après que Nabuchodonosor eut anéanti le royaume de Juda et déporté ses notables à Babylone. La dernière tentative s'effectue actuellement. Il vaut la peine de noter qu'à toutes les époques, chaque fois qu'il fut offert aux Juifs en diaspora d'émigrer vers un État juif en Palestine, la grande majorité d'entre eux a préféré invariablement demeurer en diaspora. Il en fut ainsi en 539-538 avant J.-C. ; il en est ainsi aujourd'hui et il en a toujours été ainsi tout au long des vingt-cinq siècles écoulés[4]. »

S'il en a été ainsi — et comment le nier ? — l'identité que les Juifs ont voulu maintenir est-elle bien nationale ? Unis à travers les frontières par une religion, mais acceptant la dispersion même quand ils avaient la chance d'y mettre fin, ils n'étaient peut-être pas une « communauté religieuse comme les autres » mais ils n'étaient pas non plus une « nation comme les autres ». Cette singularité ne me semble pas mystérieuse. D'une part, les Juifs, même Gentils convertis au judaïsme, avaient tendance à se considérer ou à être considérés par la société environnante comme les descendants des Palestiniens. La religion elle-même contribuait à donner à ses fidèles la conscience plus ou moins illusoire ou mythique d'être un peuple et non une simple Église. D'autre part, les croyances et les règles morales du judaïsme influaient sur l'ensemble de l'existence, profane et sacrée, et déterminaient pour ainsi dire une manière de vivre. Ainsi la communauté religieuse devenait communauté de culture.

L'attitude des sociétés au milieu desquelles vivaient les Juifs accentuait cette « singularité culturelle ». Dans la mesure où les Juifs étaient en butte aux soupçons ou à la persécution, ils réagissaient en accentuant leur originalité, ils se rendaient autonomes, ils voulaient se suffire à eux-mêmes, trouver dans la communauté juive ce que les autres hommes trouvaient dans des communautés multiples, religieuse, politique, culturelle. Enfermée dans les ghettos, la communauté juive devenait inévitablement quasi nationale puisque les Juifs n'avaient pas d'autre patrie. Sortis des ghettos, autorisés à prendre part aux activités sociales du milieu chrétien, les Juifs ont gardé ou perdu la foi de leurs ancêtres, accepté ou refusé l'assimilation (au sens où celle-ci entraînerait la perte de la culture spécifiquement juive), mais, au moins dans le monde occidental, ils sont, en immense majorité, devenus citoyens des pays d'accueil, sans ressentir un conflit déchirant entre la citoyenneté française ou allemande et l'appartenance à la communauté juive. À l'intérieur d'une civilisation libérale qui tolérait la religion juive comme les autres et accordait à tous les individus les mêmes droits, les Juifs, même croyants, même attachés aux traditions, ne se sentaient pas « déjudaïsés » par la citoyenneté française ou allemande. L'adjectif juif s'appliquait à une religion et non pas à une nation. Les premiers sionistes ne se recrutaient pas parmi les orthodoxes, mais parmi les Juifs d'esprit moderne.

Est-il contraire ou conforme à l'inspiration des livres sacrés, à la vocation de ceux qui croient au Dieu d'Isaac et de Jacob, que des Juifs de la diaspora forment une nation, avec un territoire, un État (laïc), une armée et, du même coup, inévitablement, des amis et des ennemis, des guerres et des injustices, des revers et des succès et le cortège historique des combats et des cruautés ? Je m'en voudrais de donner une réponse catégorique, qui pourrait choquer tels de mes lecteurs. Mais le grand homme à qui ce livre est dédié, respectait par-dessus tout la vérité et ceux qui la cherchaient sincèrement.

Réfléchissons sur les relations d'Israël avec la religion juive, forme actuelle de l'éternel dialogue, à l'intérieur du judaïsme, entre le nationalisme (l'alliance de Dieu et de *son* peuple) et l'universel (le Dieu unique, celui de l'humanité entière).

La constitution, en Palestine, d'un État qui se déclare laïc et dont la population vient en majorité des communautés juives de la *diaspora* ne représente pas un épisode de l'histoire sacrée, elle ne saurait être interprétée comme l'accomplissement des promesses eschatologiques. En dépit des citations que l'on empruntera à la Bible ou au Talmud, ce serait prostituer la foi, la ramener au niveau préprophétique que d'interpréter l'État d'Israël par rapport aux promesses millénaristes. Tous les Juifs, croyants ou incroyants, citoyens d'Israël ou d'un autre pays, doivent reconnaître dans la création de l'État d'Israël un épisode d'une histoire tout humaine, non une fin ou un tournant de l'histoire du peuple juif par rapport à son Dieu.

Événement profane, l'État d'Israël seul, désormais, offre-t-il aux Juifs la chance de vivre pleinement leur existence, de réaliser pleinement leur « judaïsme » ? De tels propos, même sous une forme interrogative, me paraissent, je l'avoue, presque dénués de signification et, tout aussi bien, irritants. Pour les croyants, et même pour les orthodoxes, la meilleure, la seule manière d'être de bons Juifs, n'est-elle pas d'obéir aux commandements, selon la lettre et selon l'esprit[5]. Nul besoin de vivre en Israël pour réaliser son judaïsme si celui-ci se définit par une foi et une pratique religieuse. Si, d'autre part, le judaïsme se définit à nos yeux par une culture, la culture à n'en pas douter sera en Israël plus juive que dans la diaspora. Mais la culture juive, depuis deux mille cinq cents ans, dans la mesure où elle ne s'est pas confondue avec la religion, a été diverse selon les pays, selon les époques. La culture israélienne différera de celle des communautés ashkenazes de Pologne ou de Russie qui parlaient le yiddish comme la culture des Ashkenazes, au XIXe siècle, différait, à son tour, de celle des séphardites du XIe siècle, dans le bassin méditerranéen. La culture qui naîtra en Israël sera tout aussi marquée par des circonstances particulières que celle de n'importe quelle communauté juive. Elle ne sera pas, elle ne pourra pas être la culture de tous les Juifs à travers le monde. Dira-t-on qu'elle sera seule une culture au sens plein du terme parce que seule elle bénéficiera du cadre national, de l'indépendance politique ? Les Juifs d'Israël appartiendront seuls à l'État étroitement lié à leur judaïsme. Avantage ou inconvénient, source de faiblesse ou de force ? Les Israéliens se refusent à concevoir leur État et leur Dieu à la manière dont l'un et l'autre étaient conçus au temps du roi David. L'État israélien est laïc[6] et les plus éclairés des Israéliens croyants aiment un Dieu qui impose aux Juifs des obligations particulières mais qui demeure le Dieu de l'humanité entière.

En Israël, il m'a semblé que « l'idéologie nationale », enseignée aux recrues venues de multiples pays, d'Europe et du Proche-Orient, tendait à établir une continuité entre les royaumes d'Israël et de Juda et l'État d'Israël, après la deuxième guerre mondiale. La Bible sert autant de livre d'histoire que de livre sacré. Les Israéliens que j'ai rencontrés lisaient tous la Bible avec ferveur, même quand ils ne croyaient pas en Dieu. Ils voulaient qu'Israël fût un État « comme les autres », ils se voulaient une patrie, semblable à celle que possèdent les autres hommes (les autres Européens surtout). Je comprends cette aspiration à une patrie qui ne pourrait plus nous être refusée. Mais cette aspiration demeurera inassouvie pour la majorité des Juifs et même les Israéliens ne seront pas demain « citoyens comme les autres » d'une « patrie comme les autres ».

En Israël, croyants et rationalistes demeureront incertains, au fond d'eux-mêmes, sur le sens de leur commune entreprise. Les Juifs venus de Russie, de Pologne et d'Europe n'éprouvent aucun sentiment *spontané* de solidarité avec les Juifs venus du Yemen et du Maroc. À supposer qu'ils descendent tous des Juifs palestiniens — ce qui est douteux — les deux mille cinq cents ans écoulés depuis les origines de la diaspora ont effacé la conscience de cette origine commune. On invoque cette communauté d'origine pour créer une communauté nationale, objet d'une entreprise menée au nom d'une idéologie archaïsante. L'âme de cette entreprise n'est pas religieuse mais politique, bien que l'on compte sur la force d'une tradition religieuse pour soutenir cette entreprise politique, de même que l'on compte sur les ressources financières des Juifs qui refusent de devenir israéliens pour donner à Israël les moyens de vivre. Ni les Israéliens croyants, liés à leurs « coreligionnaires » de la diaspora qui partagent leur foi plus qu'à leurs compatriotes qui ne cherchaient sur la terre promise qu'une patrie au sens européen et moderne du terme, ni les Israéliens incroyants, passionnément attachés à leur État tout neuf mais qui le justifient par les souvenirs d'un royaume depuis plus de deux mille années disparu, ni les uns ni les autres ne sont pareils aux Français ou aux Anglais établis sur leur sol, conscients d'avoir fait ensemble de grandes choses dans le passé et de vouloir en faire d'autres dans l'avenir, qui distinguent sans effort communauté nationale et Église. (Encore une fois, je songe surtout aux non-Juifs d'Europe. En dehors d'Europe, « communauté de religion » et « communauté de culture » se confondent souvent sans que ni l'une ni l'autre aspire à l'accomplissement politique, à la souveraineté militaire).

Pour les Israéliens, authentiquement religieux, l'État d'Israël n'est pas essentiel[7] : on peut être un bon Juif à Babylone aussi bien qu'à Jérusalem. Pour les Israéliens incroyants, l'État d'Israël permettra enfin aux Juifs d'avoir une patrie mais la nation israélienne est encore à créer : à supposer que les Juifs du royaume de Juda aient été une nation, ils ont perdu leur nationalité au cours des deux mille cinq cents années de la diaspora, ils doivent la reconquérir sur la terre promise. Ni les uns ni les autres ne pourront se séparer réellement de la diaspora, ni les uns ni les autres ne pourront mettre un terme au destin tragique ou, si l'on préfère, à l'existence paradoxale et par suite menacée du judaïsme, existence d'autant plus menacée que plus paradoxale, d'autant plus paradoxale qu'elle donnera d'elle-même une définition plus contradictoire au regard du monde extérieur. Si les Juifs, comme les fidèles de toutes les religions de salut, adorent un même Dieu mais appartiennent à des nations différentes, ils ont une chance de partager le sort commun bien que, rebelles aux enseignements des deux religions sorties du Vieux Testament, ils risquent d'être l'objet de la haine ou du mépris des fanatiques tant qu'ils vivent au milieu des chrétiens ou des Musulmans. Dans la mesure, au contraire, où, en réaction au milieu ou bien spontanément, ils se déclarent « peuple de David » et « nation juive » ils se mettent eux-mêmes en marge du sort commun à l'âge des nationalités. Les Sionistes ont eu l'illusion qu'ils surmonteraient le paradoxe : puisque les Juifs n'étaient pas pleinement acceptés par les nations, ils constitueraient leur propre nation. Ils ont abouti à un résultat opposé : puisque les Juifs ne peuvent ni ne veulent retourner tous en Palestine, leur communauté ni purement religieuse ni pleinement nationale apparaît plus paradoxale encore. L'État laïc d'Israël, bâti et maintenu par l'épée, reste aussi paradoxal en lui-même et par rapport à la diaspora.

*

* *

J'ai tenté, dans les pages précédentes, d'analyser sans porter de jugement, de n'écrire ni en croyant ni en incroyant. Il va de soi, d'ailleurs, que cette impartialité apparente, même si je n'y ai pas manqué, passera pour une forme d'engagement[8] aux yeux de mes « coreligionnaires » engagés en un autre sens (Israéliens ou orthodoxes). Laissons le style impersonnel et passons à la première personne.

Je suis citoyen de France et non d'Israël. Je ne suis pas croyant, au moins dans l'acception banale de ce mot. Comme disait Spinoza, je ne peux pas croire que Dieu ait jamais conclu un pacte avec un peuple en tant que tel. Un peuple se rapproche de Dieu dans la mesure où il surmonte l'orgueil tribal et se conforme aux commandements de la loi ou de l'amour. Chacun a droit à une patrie et l'attachement au groupe est naturel. Mais le groupe qui se croit une mission divine manque le plus à l'esprit religieux (tel que je le conçois, bien entendu). Du nationalisme et de l'universalisme, tous deux inclus dans le judaïsme, ce dernier me paraît répondre à la vocation authentique du judaïsme et de toutes les religions de salut. L'édification, en Palestine, d'un État, qui se proclame le continuateur du royaume de Juda, m'apparaît un accident historique auquel seul l'idolâtre, celui qui accorde à la nation une valeur suprême, prêtera une signification proprement religieuse.

Sur le plan de l'histoire profane, l'État d'Israël représente pour tous les Juifs un grand événement. Il ne peut pas ne pas éveiller en nous tous des sentiments forts. Un Juif, même s'il a perdu la

foi, ne peut pas être indifférent au destin d'Israël. Personnellement, j'ai été profondément sensible à ce qu'Arthur Koestler a
appelé « un miracle » (non sans l'analyser rationnellement) à ce
que j'appellerais l'épopée des pionniers d'Israël. Quel que soit
l'avenir, les Israéliens ont conquis leur indépendance au cours
de « la guerre de libération », ils la sauvegardent jalousement
grâce à la force de leur armée, à chaque instant en alerte, ils ont
écrit des pages de gloire militaire. Ils ont offert à des centaines de
milliers de Juifs un refuge. Ils ont changé l'image que des non-
Juifs avaient des Juifs. Ils ont démontré que des Juifs pouvaient
de nouveau, comme à l'époque de l'empire romain, être réputés
pour leur valeur militaire. À beaucoup d'égards, l'œuvre des Juifs
en Israël fait honneur au judaïsme et à l'espèce humaine.

Mais Israël n'appartiendrait pas à l'histoire profane s'il n'était
marqué par les imperfections de toutes les œuvres humaines. Ou,
pour mieux dire, expression d'une histoire paradoxale, il demeure
étrangement paradoxal lui-même. La terre de l'État d'Israël a été
achetée d'abord aux propriétaires musulmans grâce aux fonds réunis
par les Juifs de la diaspora ; la fuite des Musulmans, au début de
la « guerre de libération », a permis la prise de possession d'un
territoire qui comprend les lieux saints de trois religions de salut.
Les Israéliens affirment, à juste titre, qu'ils n'ont pas chassé les
Musulmans, que ceux-ci sont partis en espérant un retour victorieux.
Mais les péripéties importent moins, aux yeux des Arabes, que le
fait brutal : les Musulmans, établis en Palestine depuis plus de dix
siècles, ont dû céder la place à des Juifs qui prétendent ranimer la
tradition du royaume de Juda.

Que les Israéliens invoquent les droits historiques d'antério-
rité ne convainc personne. Au bout de quelques siècles, il y a
prescription. Quand Nehru s'est emparé de Goa par la force des
armes, en niant les titres fondés sur cinq siècles d'occupation,
l'opinion occidentale s'est indignée (ou, du moins, a manifesté
une indignation, sincère ou feinte). Comment reconnaîtrait-elle
un titre de propriété datant de plus de deux mille années ? L'État
d'Israël a été taillé à grands coups d'épée — à cet égard enfin,

les Juifs ont réussi à ressembler fidèlement aux Gentils. Mais, du même coup, l'hostilité du monde arabe devient intelligible, inévitable et, selon toute probabilité, irréductible.

Provisoirement, un million sept cent mille Juifs[9] (dont une petite moitié venue d'Europe) parviennent à mobiliser une armée supérieure, à elle toute seule, à la coalition de toutes les armées des États arabes du Proche-Orient. L'équilibre des forces locales favorise Israël ; la rivalité des grandes puissances contribue à maintenir cet équilibre. Les États-Unis accordent une certaine protection à l'État israélien et l'Union soviétique désire lui manifester son hostilité plutôt que le détruire. L'un des Grands souhaite une réconciliation et l'autre veut l'empêcher. Ce dernier l'emporte évidemment : s'il est relativement facile d'empêcher des petits États de se combattre à mort, comment les contraindre à s'entendre ?

L'avenir prévisible d'Israël, au cours des prochaines années et peut-être beaucoup plus longtemps encore, demeurera celui d'un peuple menacé, vivant en une sorte de camp retranché, comptant sur ses armées pour survivre. Né par l'épée, Israël ne peut, à l'heure présente, vivre que par l'épée et sous la menace d'une autre épée (provisoirement moins acérée que la sienne). Certes, comment ne pas comprendre que ceux qui ont survécu aux plus grands massacres de l'histoire se soient juré de ne plus faire face les mains nues au couteau des assassins ? Mais comment aussi se dissimuler que les Israéliens ont choisi de vivre dangereusement, en un carrefour de lignes stratégiques, en un lieu du monde qu'ont hanté les dieux et piétiné les soldats ? Devenus un pion sur l'échiquier international, condamnés à prendre part au jeu diabolique de la « politique de puissance », les voici citoyens d'un État qui baptise sacré son égoïsme. Mais, sacré ou non, cet égoïsme est celui d'un État qui ne comptera jamais plus de quelques millions de citoyens, sur un territoire lilliputien à l'échelle des moyens modernes de transport et de destruction.

Je ne veux pas exclure l'hypothèse d'une réconciliation entre Israël et ses voisins, encore que je la tienne pour durablement improbable. Le royaume chrétien de Jérusalem a duré deux siècles, non deux décennies ou deux générations : il n'a été, pour autant, jamais accepté par les Musulmans. En guerre froide avec ses voisins, l'État d'Israël est voué à un destin héroïque et limité. Il ne vivra qu'en transformant les Juifs venus du Maroc, de Tunisie, du Yemen en citoyens d'un État moderne. Faute d'une population assez nombreuse, Israël ne pourra accomplir certaines œuvres de science ou de technique qui demandent de grandes concentrations de moyens matériels, il ne maintiendra une participation honorable à la culture que par un effort, sans cesse renouvelé, sur les tentations de la facilité. Israël doit demeurer, en dépit de la géographie, partie intégrante de la civilisation occidentale, au moins jusqu'au jour où le monde musulman aura réussi sa propre conversion à la modernité.

En dépit de la grandeur de la tâche que les Israéliens venus d'Europe ou des États-Unis s'assignent en Palestine, — l'intégration de quelques centaines de milliers ou, à la rigueur, de deux ou trois millions de Juifs non occidentaux en une nation de type occidental — l'entreprise israélienne est, dans le monde du xxᵉ siècle, provinciale[10]. D'une certaine façon, Israël aura d'autant plus de chances de ne pas se dégrader en un État levantin qu'il se fermera moins sur lui-même, restera davantage en communication avec l'Europe et les États-Unis. Espérons que l'égoïsme, nécessaire au nationalisme militant, ne contredira pas aux nécessités des frontières ouvertes.

Si le judaïsme se confondait avec un petit État du Proche-Orient, il sortirait de l'histoire universelle. Je comprends que, las des malheurs et des persécutions, nombre de Juifs rêvent d'une telle issue. Mais il ne s'agit que d'un rêve ; cette issue nous est fermée puisqu'Israël et les communautés juives de la diaspora subsisteront côte à côte comme, aux derniers siècles avant le Christ, les Juifs de Babylone et ceux de Palestine. À des Juifs pris individuellement la totale assimilation, le changement de nom offrent cette issue souhaitée. Aux Juifs considérés collectivement, il n'est pas donné encore de surmonter le paradoxe légué par plus de vingt siècles d'histoire. Ayant vécu parmi des Musulmans et des Chrétiens, c'est-à-dire des fidèles de religions sorties du judaïsme, les Juifs ont été et sont encore, à leurs propres yeux aussi bien qu'aux yeux de ceux qui les entourent, les héritiers du peuple de David, peuple que Dieu a choisi mais qui n'a pas reconnu le Christ sauveur, peuple qui croit au Dieu de tous les hommes mais qui se croit aussi lié à lui par un lien singulier. Croyant, orthodoxe ou libéral, peu importe, je n'accepterais pour rien au monde qu'un État, même enraciné sur la terre promise, prétendît incarner une foi qui se dégrade misérablement si elle n'est offerte à tous les hommes. Incroyant (au moins par rapport à l'interprétation courante de la religion), je ne marchanderai pas ma sympathie à Israël, mais je lui refuse un loyalisme national qui va à ma patrie. Même « assimilé », perdu pour la culture proprement juive, je n'ai pas trahi ce qu'il y a de meilleur dans le message religieux du judaïsme, si j'ai, par-delà les attachements nationaux, conservé le sens des valeurs universelles dans la connaissance et dans l'action.

Ce que les Juifs ont à dire à l'humanité ne se traduira jamais dans le langage des armes.

L'article précédent m'avait valu un courrier considérable. Le Figaro Littéraire *publia des extraits de cette correspondance. Je répondis dans le numéro du 17 mars 1962 par le post-scriptum suivant.*

Post-scriptum

J'avais exprimé le vœu que mon article *Les Juifs et l'État d'Israël* ne blessât aucun de mes « coreligionnaires ». Ce vœu n'a pas été exaucé et, probablement, ne pouvait-il pas l'être. J'ai eu le tort d'oublier que peut-être il vaut mieux ne pas discuter certains problèmes. Survivants du plus grand massacre de leur histoire et de l'histoire moderne, les Juifs, aujourd'hui, ont le droit d'avoir la sensibilité à vif. Et les Israéliens, nation en armes qu'entourent des ennemis, ont le droit de s'irriter contre les propos d'un Juif qui affirme sa sympathie, mais refuse l'engagement.

Il va de soi, tout d'abord, que je n'ai jamais eu la prétention de parler en un autre nom qu'en mon propre nom. Mais comment pourrait-il en être autrement ? Un Juif, dans le monde actuel, doit se choisir lui-même, en assumant d'une façon ou d'une autre son judaïsme. Un Français de religion chrétienne qui a perdu la foi n'a pas à assumer son christianisme : il demeure un Français comme les autres. La religion est affaire privée, et l'État ne fait pas de différence entre croyants et incroyants. Un Juif qui a perdu la foi et ne va plus régulièrement au temple demeure un Juif, mais il s'interroge lui-même sur le sens de ce mot.

Parfois le Juif de France ou d'Angleterre qui ne participe plus de la culture proprement juive reçoit son judaïsme du monde environnant et de l'antisémitisme. C'est à ce Juif pour ainsi dire déjudaïsé que s'appliquent les *Réflexions sur la question juive* de J.-P. Sartre. Mais, si assimilé qu'il soit ou se juge, le Juif garde un sentiment de solidarité et avec les ancêtres et avec les autres communautés juives de la diaspora. Surtout à notre époque, après les persécutions hitlériennes, un Juif ne peut pas fuir son destin et ignorer ceux qui, ailleurs, ont cru ou croient au même Dieu d'Isaac et de Jacob, celui de ses ancêtres.

Une fois cette solidarité reconnue et pour ainsi dire vécue, plusieurs voies s'ouvrent à chacun de nous. Je ne doute pas un instant qu'une nation israélienne soit née en Palestine. Je comprends que des Juifs choisissent la nationalité israélienne : je n'ai ni à blâmer ni à louer ceux qui préfèrent ce choix. Mais un choix différent n'est pas pour autant condamnable. La décision appartient à chacun. Il est vrai, ainsi que me l'a écrit un correspondant, qu'il existe des cas individuels de double nationalité. Je ne crois pas qu'un groupe, tel le groupe juif, puisse aspirer au privilège de la double nationalité. Cela va sans dire, me répondent des lecteurs. J'y consens, mais si cela va sans dire, est-il si grave de le dire ?

Quand j'ai évoqué l'hypothèse d'une divergence possible entre l'intérêt national de la France et celui d'Israël, je n'étais ni prisonnier de l'angoisse séculaire des persécutés ni subtilement machiavélique. La fin de la guerre d'Algérie ne signifie pas, à mes yeux, la fin de l'amitié franco-israélienne. Combien d'Israéliens, au cours de ces dernières années, m'ont exprimé leur regret que l'amitié qu'ils souhaitaient durable entre France et Israël parût fondée sur une commune hostilité ! Plusieurs des membres de la société France-Israël ont été partisans d'une solution libérale en Algérie, sans ignorer que nombre de Juifs quitteraient une Algérie indépendante.

Comment pouvez-vous, s'étonnent quelques lecteurs, recommander l'assimilation après les horreurs d'un récent passé ? Je n'ai nullement recommandé l'assimilation : un Juif qui se veut citoyen français peut garder intactes, jalousement, la culture et la religion qu'il a reçues en héritage. Il s'agit de savoir s'il veut appartenir pleinement à la nation qui est, par naissance et par volonté, la sienne. À cette question, je réponds oui. Ni les événements d'hier que me rappellent certains, ni les éventualités de demain qu'évoquent d'autres, ni l'antisémitisme persistant ne me paralysent. Nous autres Juifs, que nous le voulions ou ou non, nous vivrons dangeureusement, en Israël ou ailleurs. Le temps du mépris peut revenir. Mais les Israéliens, qui ont montré tant de courage, ne pourraient sans se contredire eux-mêmes critiquer les Juifs de la diaspora, sous prétexte que ces derniers risquent, quelque jour, d'être privés de la nationalité qu'ils veulent entière et sans réserves.

Comment maintenir les liens moraux entre les Juifs d'Israël et ceux de la diaspora ? Je ne suis pas inconscient de la gravité de la question qui m'est posée, bien que je ne détienne évidemment pas, toute faite, une solution miraculeuse grâce à laquelle des Juifs, vivant des histoires nationalement distinctes, sauvegarderaient malgré tout un sentiment d'unité. Mais pourquoi ne pas faire confiance à l'avenir ? Comme me l'a rappelé mon ami Manès Sperber, les communautés juives dispersées ont su, à travers les siècles, ne pas perdre le sens de leur unique vocation. L'histoire du judaïsme sera écrite à la fois par les Israéliens et par les Juifs de la diaspora. La condition première de cette histoire commune, c'est qu'ils se comprennent et se respectent réciproquement. Un fanatisme hostile aux Juifs qui se veulent citoyens de France ou des États-Unis briserait cette amitié.

Je sais ce fanatisme étranger à ceux qui ont bâti et qui maintiennent l'État d'Israël.

Notes

Préface
Aron, les Juifs et Israël
Du côté des prophètes

1. Raymond Aron, *De Gaulle, Israël et les juifs*, p. 183.
2. p. 165.
3. « Discours de Jérusalem » [1972], cité dans Raymond Aron, *Essais sur la condition juive contemporaine*, textes réunis et annotés par Perrine Simon-Nahum, Éditions de Fallois, Paris, 2007, p. 188.
4. p. 154.
5. p. 55, je souligne.
6. p. 146.
7. p. 55.
8. p. 75, je souligne.
9. p. 55, je souligne.
10. Voyez sur Darquier de Pellepoix le « Post-Scriptum à l'affaire » [1978], p. 283-286, dans les *Essais sur la condition juive contemporaine*, éd. citée.
11. « Un interrogateur permanent » [entretien avec Victor Malka de 1983], dans *Essais sur...*, p. 277.
12. « Je ne conçois pas l'Alliance donnant à un peuple une mission particulière. Même si on interprète de la manière la plus généreuse cette notion d'Alliance, comme impliquant pour le peuple juif des obligations exceptionnelles et non des droits exceptionnels, [...] même en ce sens, la notion d'Alliance m'est étrangère, et je dirais inacceptable », « Un philosophe libéral dans l'histoire » [1973] dans *Essais sur...* p. 211. Voyez aussi ses *Mémoires*, Paris, Julliard, 1983, p. 515.
13. « Un interrogateur permanent », *op. cit.*, p. 270.

14. « Les Juifs, Vichy et Israël » [1979], dans *Essais sur…*, p. 290.

15. *Ibid.*

16. *Mémoires*, éd. citée, p. 84.

17. p. 147, je souligne.

18. Dans ses *Mémoires*, il reproche à Sartre d'avoir écrit que c'est l'antisémite qui fait le juif. Si la phrase est acceptable, ce ne peut être qu'au sens trivial où le je ne se constitue jamais que sous le regard de l'autre. La proposition sartrienne n'explique donc rien de la condition juive, éd. citée, p. 501.

19. « Universalité de l'idée de nation et contestation » [conférence prononcée en 1976], p. 249, je souligne.

20. p. 188 des *Essais sur…*

21. *Mémoires*, éd. citée, p. 516, je souligne.

22. « Je comprenais [en 1948] l'aspiration de certains juifs à créer un État dans lequel ils ne constitueraient pas une minorité toujours menacée ; mais, sans avoir une connaissance particulière du Proche-Orient, je pressentis la suite inévitable : une guerre prolongée entre les Juifs, devenus Israéliens, et le milieu musulman », *Mémoires*, éd. citée, p. 500. Aron aurait donc pensé dès 1948 que les guerres israélo-arabes étaient en leur fond des guerres de religion, entre Juifs et Musulmans.

23. « On sait aujourd'hui qu'il n'y avait guère de danger pour Israël, à la veille de la guerre des six jours. […] Ce que je n'aime pas c'est me tromper dans mes analyses politiques », « Un interrogateur permanent », *Essais sur…*, p. 279. Même "auto-critique" dans les *Mémoires*, p. 500.

24. p. 58.

25. « Exposé : "Kippour 5734" » [1973], dans *Essais sur…*, p. 199, je souligne.

26. p. 154, je souligne.

27. p. 154, je souligne.

28. p. 167.

29. p. 168.

30. p. 154.

31. Voyez par exemple dans les *Essais sur la condition juive contemporaine*, p. 199 et 249.

32. Pierre Manent, « Raymond Aron et la religion », *Commentaire*, 2017/4, n° 160, p. 759-762. Je remercie Élisabeth Dutartre-Michaut, dont la connaissance intime de l'œuvre d'Aron m'a été si précieuse, d'avoir attiré mon attention sur ce texte.

33. p. 273.

34. *Ibid.*

35. *Ibid.* Nul mysticisme chez Aron, qui revendique l'héritage du rationalisme classique issu de Descartes et du criticisme kantien. Le rationalisme dominant en France dans sa jeunesse a profondément nourri une culture philosophique à laquelle il reste fidèle.

36. p. 274.

37. p. 151, je souligne.

38. p. 177, je souligne.

39. p. 169.

40. « État non théocratique que cimente une religion, État apparemment religieux dont les fondateurs ne croyaient pas tous à Dieu, Israël reste un permanent paradoxe », p. 156.

41. « Un interrogateur permanent », p. 279.

42. p. 57, je souligne.

43. « Pour la première fois, cette guerre n'apparut pas à tous les citoyens imposée par l'ennemi, strictement défensive, indispensable à la survie du pays. Elle mérite le qualificatif "combat douteux" : juste ou injuste, on peut en discuter indéfiniment », « Discours à l'institut Weizman » [1983], dans *Essais sur...*, p. 264.

44. « Un interrogateur permanent », p. 279.

45. p. 354, je souligne.

46. « Les relations entre Israël et la Diaspora », p. 324.

47. Il se trouve que la moitié des actes dits racistes touche les juifs, qui sont (autant qu'on peut le savoir) à peu près 500 000, c'est-à-dire dix fois moins nombreux (autant qu'on peut le savoir) que les autres populations sujettes au racisme dans notre pays.

48. Je ne suggère nullement ici que la gauche soit immunisée contre l'antisémitisme. Au contraire, l'antisémitisme de gauche n'a rien de nouveau. Mieux, l'antisémitisme, ainsi que le racisme du reste, sont nés à gauche dans les années 1820, en milieu saint-simonien et fouriériste pour ce qui est de la France. La droite, et plus encore la droite contre-révolutionnaire, longtemps restée tributaire du vieil antijudaïsme catholique, ne devient antisémite que plus tard dans le XIXᵉ siècle. L'affaire Dreyfus est un tournant qui permet à la gauche d'occulter son antisémitisme. Pourtant, malgré ses affects et même ses innovantes "théories" antisémites, la gauche au XIXᵉ siècle n'a jamais à ma connaissance proposé de politique qui fût appuyée sur l'antisémitisme (c'est pourquoi, du reste, quand la

droite s'est emparée de l'antisémitisme et du racisme, la gauche a pu faire croire un temps qu'elle y était étrangère, pour dire le moins ; la dénégation sera plus difficile avec le colonialisme). Proudhon offre une illustration assez claire de ce dispositif singulier : antisémite virulent, l'antisémitisme n'existe pas chez lui comme proposition politique.

49. Bergson, *Les deux sources de la morale et de la religion*, Paris, PUF, dans *Œuvres*, p. 1152*sq*.

50. Ps. 137, 5.

51. Voir sur ce point le classique de Dominique Schnapper, *Juifs et israélites*, Paris, Gallimard, 1980.

Première partie
La conférence de presse

Le temps du soupçon

1. *Figaro* du 6 décembre 1967.

2. Un peuple « dominateur » inspire d'autant plus de crainte et appelle d'autant plus la discrimination qu'il a plus de qualités, qu'il mérite davantage le qualificatif « d'élite ».

3. J'emploie ce terme, faute d'un meilleur pour désigner les Juifs parmi lesquels je me range, qui ne sont ni religieux, ni pratiquants, qui n'ont même rien gardé de la « culture juive ».

Deuxième partie
Pendant la crise

Bruit d'armes au Proche-Orient

1. Écrit le 21 mai, publié dans le numéro du *Figaro* du 23, avant que le président Nasser annonce la fermeture du golfe d'Akaba.

Confrontation Russo-Américaine

1. Écrit le 25 mai, publié dans le *Figaro* le 26, une fois connue la décision du président Nasser de fermer le golfe d'Akaba.

2. M. Hervé Alphand m'a écrit que ses propos avaient été inexactement rapportés.

L'heure de la décision

1. Écrit le 28 mai, publié dans le *Figaro* du 29.

Face à la tragédie

1. *Figaro Littéraire.*

Comment la guerre est devenue inévitable

1. Écrit le 6, publié le 7 juin.
2. Le jugement me paraît rétrospectivement trop sévère pour ces deux hommes.

Les ironies tragiques de l'histoire

1. Écrit le 13 juin, publié le 14.

Crise locale ou crise mondiale ?

1. *Figaro* du 19 juin 1967.

D'un conseil des ministres à l'autre

1. 28 juin 1967.

Les armes et la paix

1. 5 juillet 1967.

Pourquoi ?

1. 7 juillet 1967.

Israël entre la guerre et la paix

1. 28 août 1967.

Les arabes accepteront-ils de négocier ?

1. 30 août 1967.

Intervention des grands ?

1. 31 août 1967.

L'O.N.U. dans la crise du Moyen-Orient

1. *Le Figaro* du 26 octobre 1967.

L'O.N.U. et la crise du Moyen-Orient
La diplomatie du qui perd gagne

1. 27 octobre 1967.

TROISIÈME PARTIE
AVANT LA CRISE

Les Juifs

1. Paru dans *Réalités*, septembre 1960.
2. Il n'y avait pas grand mérite à faire cette prévision.
3. Cette formule n'est pas entièrement exacte. Un Israélien ne peut épouser une non-Juive en Israël (1967).
4. Bien que Maurras, sous l'occupation, ait désigné des Juifs à la vindicte des Allemands (1967).

Les Juifs et l'État d'Israël

1. Cette formule brutale appellerait au moins des nuances (note de 1967).
2. Page 483 : "The Jews may be defined as being the conscious and deliberate heirs and representatives of the people of the Kingdom of Judah, which was extinguished by the Neobabylonian Emperor Nebuchadnezzar in the second decade of the sixth century B.C. Ever since that fearful national disaster the paramount aim of the Judaism deported to Babylon and their jewish descendants has been to preserve unbroken, their distinctive *national** identity... This record is recognized, by friendly and hostile observers alike, as being an extraordinary monument of steadfastness or obstinacy — whichever of the two words the observer may feel inclined to use. The achievement has been possible only because the Jews have always consistently given priority over other aims of theirs to this aim of preserving their distinctive national identity."

3. Souligné par moi (R.A.).

4. *Ibid.*, page 484 : "The vitality of the jewish diaspora and its significance, for mankind as a whole, as being the probable "wave of the future", is brought out by the contrast between the steady success of the diaspora in surviving — in spite of penalizations, persecutions, and massacres — and the unsatisfactoriness of all attempts up to date, since the Babylonish Captivity, to re-establish a jewish State on Palestinian soil. The first of these attempts was made — with the permission and good will of the founder of the Achaemenian Empire, Cyrus — within less than half a century after Nebuchadnezzar had extinguished the Kingdom of Judah and had deported its notables to Babylonia. The latest attempt is being made in our day. It is noteworthy, however, that at all times when it was open to the Jews in diaspora to emigrate to a jewish State in Palestine, a great majority of them have invariably preferred to remain in diaspora. This was so in the year 539-538 B.C., it is so today ; and it has always been so all through the intervening twenty-five centuries."

5. Je n'écrirais plus aujourd'hui cette phrase qui simplifie un problème complexe.

6. La formule n'est pas entièrement vraie. Les relations entre l'État d'Israël et l'Église appelleraient une longue étude (1967).

7. Cette formule encore me paraît aujourd'hui trop simple.

8. Pire encore : une forme d'hostilité (1967).

9. 2,5 millions aujourd'hui.

10. Je n'écrirais plus cette phrase aujourd'hui (1967).

Table des matières

Troisième partie
Avant la crise

Ce volume,
le soixante treizième
de la collection « le goût des idées »,
publié aux Éditions Les Belles Lettres,
a été achevé d'imprimer
en novembre 2019
sur les presses de la Manufacture imprimeur
52200 Langres

Composition et mise en pages : Flexedo (info@flexedo.com)

N° d'éditeur : 9524
N° d'imprimeur : 191777
Dépôt légal : janvier 2020
Imprimé en France

Dans la même collection

RAYMOND
ARON